U0619872

文心添翼

高中语文核心素养
综合培养的教学研究和实践

徐芳 著

上海教育出版社
SHANGHAI EDUCATIONAL
PUBLISHING HOUSE

"虹口·海派教育名师"
丛书编委会

目　录

文心添翼：高中语文核心素养综合培养综述

第一节 学生的"四件法宝"

《文心雕龙》是南朝梁文学理论批评家刘勰撰写的一本关于文学理论的专著，也是一部文学批评专著。所谓"文心"，《序志》篇中这样解释："夫文心者，言为文之用心也。"所谓"雕龙"，是指雕镂龙纹，比喻善于修饰文辞或刻意雕琢文字，语出《史记·孟子荀卿列传》。书名《文心雕龙》，指如雕镂龙纹一般细致入微地揭示"为文"所需的"用心"。

这本书取名为"文心添翼"，"文心"，既有"为文"之心的意思，也有"读文""解文""鉴文""译文"之心的意思；"添翼"则是指为"文心"添上飞翔的翅膀，助其一臂之力。所以，这是一本探讨高中语文核心素养综合培养的书，也是一本探索与实践并举的书。每一章的每一节，都会以一名学生的实践创作活动为核心，来展示探索和验证的过程。这或许就是"学以致用"的意思吧。

在探索和实践的过程中，可能需要"四件法宝"——一个"放大镜"（语言）、一面"三棱镜"（文化）、一枚"指南针"（思维）、一颗"玲珑心"（审美）——来为学生能力上的提升助上一臂之力。语言是基础，语言建构与运用，需要一个"放大镜"；文化是传承，文化传承与理解，需要一面"三棱镜"；思维是提升,思维发展与提升,需要一枚"指南针";审美是创造,审美鉴赏与创造,需要一颗"玲珑心"。这四个部分相互关联,互为因果,环环相扣,和谐共生。

一、语言

语言的赏析、建构和运用,是高中语文核心素养综合培养之基础,它需要一个"放大镜"来放大细看、比较修正、精雕细琢。

从语言维度上说,要求学生能够实现语言知识的积累、品味、比较和建构,从会"赏鉴"到能"运用";能在实践中有效使用语言文字进行交流沟通,包括阅读理解、口语表达、书面写作和跨文化传播等各个方面;不仅能够准确、得体地运用语言表达自己的思想和情感,也能理解并欣赏他人的作品,进行有效的人际交流和沟通。

关于语言建构与运用,第一章将从以下三个方面来培养和助推:

第一节:横向比较"浅白灵动"的语言美——新诗的解疑辨惑与酝酿创作。

第二节:纵向沿袭"古风今韵"的语言美——古诗文的学习与创作。

第三节:"信达雅化魂美"的翻译创作理论及《老人与海》的跨学科教学策略和实践。

如何运用"放大镜"起到锦上添花的作用呢?

第一节是新诗的学习和创作。(放大问题—放大视域—放大亮点)

第二节是古诗文的学习和创作。(放大声调—放大背景—放大重点)

第三节是外国文学的阅读和翻译。(放大理论—放大译著—放大难点)

第一节:培养学生对新诗的赏鉴、比较能力,以及酝酿创作新诗的能力。

放大问题—放大视域—放大亮点的"三部曲":

第一步是"质疑解惑",放大问题。勇于就新诗创作理论等方面提出一些看似比较尖锐的问题,以此引发思考并尝试解答。

第二步是"横向比较",放大视域。先横向比较古今中外不同诗人的理论主张和诗作风格,再横向比较译作和原作、不同译本之间的微妙区别。

第三步是"酝酿创作"，放大亮点。以学生原创的一首获奖新诗为例，进行点评分析，并通过与作者面对面的访谈对话，进一步探讨新诗创作的心路历程、遇到的挑战以及尚存的不足。

在整个语言积累、品味、比较、建构、运用的过程中，不妨用"放大镜"作为辅助手段进行解读和建构。放大关键字词、句子来细细品酌，放大某些文学创作观点来比较分析，放大尚存的不足和短板来修正补足，放大自身优点和亮点来精雕细琢。

第二节：培养学生在古诗文方面的语言赏鉴、比较能力，并让他们尝试用文言文来进行古诗词和古文的创作，传承文人风骨，涵养君子品性。

需要放大声调—放大背景—放大重点。

古诗的风味和风骨：从"声调"到"情思"再到文人的"风骨"。

今韵的传承与创作：学生学习并尝试创作古诗词和古文。

对于学生的古诗词、古文原创作品，教师不仅要关注语言、格律的"形式美"，更要注重文字所承载的"内涵美"，以期实现从课内到课外的跨越、从阅读到创作的突破、从形式到内容的兼美。

学生原创的七律《咏辛弃疾》，对仗工整，词通意顺，有一定文采，且寓意深刻，令人深感欣喜。这是在学习了辛弃疾的《永遇乐·京口北固亭怀古》之后的有感而发。

学生原创的两首词《念奴娇》和《临江仙》，在选调择韵、炼字炼句、平仄韵律、情感意境等方面都有令人欣喜的表现。这是在学习了苏轼的《念奴娇·赤壁怀古》之后的灵感迸发。

第三节：主要是对"信达雅化魂美"的翻译创作理论及《老人与海》的跨学科教学策略与实践两个方面的探索。

需要放大理论—放大译著—放大难点。

在传统的"信达雅"翻译创作理论的基础上，补充阐释"化魂美"的翻译创作理论，打开学生的眼界。同时以人教版高中语文教材选择性必修上册中的课文《老人与海》（节选）为例，阐释了跨学科教学策略的可行性及意义和方法。具体的实践过程为：一是精读课文节选的中文译本；二是对不同译本进行比较研究；三是师生一起尝试"翻译家"的工作，将"信达雅化魂美"的翻译创作理论转化为实践。

将翻译理论、翻译作品和师生翻译活动结合在一起，始于理论又超越理论，紧贴作品又高于作品，勇于尝试，也寻求帮助。

这一节的重点和难点都十分突出。重点是要突破学科的藩篱，在中英文双语领域，感受双语的魅力，构建和提升双语的综合运用能力。难点是在师生共同尝试翻译工作的时候，遇到了始料未及的难题，我们将这些难题放大，最终请来"救兵"并被一语点醒，跨学科教学的价值和意义也在这个实践过程中得以凸显。在这个过程中，学生也体会到了翻译家的不易——即便是高水准的翻译家，也会遇到瓶颈，也会发生碰撞，也会有一些失误。

二、文化

三棱镜能将光线分解为各种不同颜色的光，而"传统文化"就好比一道穿过三棱镜的光束，从不同角度被折射之后，变得五彩斑斓、明亮夺目，继而再向外传播和延伸，让世界也变得更加多姿多彩。

从文化维度来讲，要使学生感受到民族文化的博大精深，形成文化自觉和自信的态度。文化自信是语文学科四大核心素养的基础。它强调学生对中华优秀传统文化的了解和认同，对中华文明的传承和弘扬。这种自信源于对历史的深刻认识和对传统文化的尊重。学生应通过学习和实践，增强对中华文化的自信心和自豪感，从而树立积极向上的文化价值观。

关于文化传承与理解，第二章将从以下三个方面来培养和助推：

第一节：文化的启蒙与求学——给小学生讲《红楼梦》。

第二节：文化的理解与求知——高中生对《红楼梦》的浅尝、补缺及研究展示。

第三节：文化的传承与求智——《〈乌有先生历险记〉后记》。

如何运用"三棱镜"折射出传统文化的五彩斑斓呢？

第一节是《红楼梦》的启蒙与求学。打开三扇大门，即好奇之门、探索之门、趣味之门，让传统文化的光束照进厅堂。

第二节是《红楼梦》的理解与求知。推开三扇天窗，即深层阅读、尝试补缺、论文宣讲，让传统文化的光束折射、迸发出更加丰富多彩的颜色。

第三节是"传统名篇"的解读与续写。设置三级台阶，即语言文字的传承、传统文化的传承、精神品质的传承，让传统文化的光束为五彩斑斓的世界增光添彩。

第一节的难点在于如何为小学生打开《红楼梦》这部皇皇巨著的大门。对于他们来说，这扇大门太厚重了。凭借他们自身的力量很难打开；即便打开了，也看不懂里面的世界。

为解决难点，笔者采用点—面—线的方式进行讲授。"点"就是"切入点"，找到一个巧妙的切入点，方能刺得准、刺得深。"面"就是"横切面"，横向拓展延伸，知识面就打开了、拓宽了。"线"则是"纵向线"，就一个问题深入地钻研下去，不达不休，直到切中肯綮。

一个"点"：抓住一个"奇"字三连问——"奇书"奇在哪里？"奇书"的作者是何方神圣？"奇书"背后的原因是什么？激发小学生阅读和探索的兴趣。

一个"面"：紧扣一个"园子"三连问——大观园里住着哪些人？大观园里穿什么、吃什么、玩什么？你发现大观园有什么问题吗？引领小学生在大观园的世界中探索发现。

一根"线"：贯穿一个"趣"字——围绕"衣、食、住、行、玩"五个方面展开，最后还设置了"趣味问答"和"现学现'烤'"两个趣味互动单元。在深入浅出的讲解和互动中，小学生不仅收获了快乐，也学习了文化知识。

第二节的难点在于引领高中生进入大观园这扇大门之后，面对纷繁复杂甚至是光怪陆离的世界，该如何寻找到正确的方向。

首先，要有一颗能沉得下来的心。就一个问题、一样东西、一种现象，静下心来仔细观察，多看、多听、多想。四处看看，博观约取；多方聆听，兼听明辨；推敲琢磨，深思慎取。

其次,要有一颗勇于尝试的决心。半部"红楼",一门"红学",是天大的缺憾,也是天赐的良机。学生可以补缺,甚至可以续写。从第七十五回脂砚斋的旁批"缺中秋诗,俟雪芹"开始,鼓励学生为曹雪芹也可以说是为脂砚斋填补两首中秋诗的空缺。对于高中生来说,这也是一个"天大"的挑战。

最后,还要有一颗乐于展示的信心。从《红楼梦》研究小论文的酝酿、撰写、修改,到班级宣讲初赛,再到年级宣讲决赛,纵览整个过程,从阅读到研读,从补写到撰写,从交流到宣讲,拓展了文化,展示了才情,也培养了信心。

第三节的难点在于厘清传承什么和如何传承。

对司马相如《上林赋》和《子虚赋》的解读,对张孝纯老师《乌有先生历险记》之传承的解读,对学生续写的《〈乌有先生历险记〉后记》之传承的解读,是一个"解读—传承—传承的解读—传承的传承—传承的传承的解读"的过程。

语言文字、传统文化、精神品质好比三棱镜的反射面,能够将光线折射成各种不同颜色的光,并且按照不同的角度和方向继续传播。

语言文字的传承。张孝纯老师的《乌有先生历险记》通篇用文言文撰写,虽然是现代人撰写的古文,文辞却不艰涩牵强,读起来自然流畅,可见其古文功底的深厚。学生续写的《〈乌有先生历险记〉后记》,也是通篇用文言文撰写,几位小作者的文字也颇有些"以假乱真"的感觉。

传统文化的传承。其中一个就是隐喻文化。古人常常通过人名来暗示人物的特质或者命运,或寄予其他的特殊寓意。司马相如的《子虚赋》中有"乌有先生""子虚"和"亡是公";张孝纯老师的《乌有先生历险记》中有"乌有先生""子虚长者"和"亡是公";学生续写作品中除了"乌有先生""子虚长者"和"亡是公"外,竟然还为"乌有先生"杜撰了一个儿子,起名为"颇谬",巧妙地运用了谐音法。

精神品质的传承。司马相如的《子虚赋》和《上林赋》讲的主要是"廉俭守节"的道理。张孝纯的《乌有先生历险记》则展现了三位主要人物极为丰富的精神品质:有"亡是公"的好学、清高、仁义,有"乌有先生"的高洁、勇敢、仗义、仁爱,有"子虚长者"的智慧高明、谦逊不争、淡泊名利。而学生的续写作品,又在这些精神品质的基础上增添了克仁顺义、兼济天下的精神内涵。从对朋友的有情有义，延伸到兼济天下，令人感动，可钦可佩。

传承什么？如何传承？传承的是语言文字，是传统文化，更是可贵的精神品质。通过一脉相承、代代相传，语言文字、传统文化、精神品质才能生生不息、绵延不绝。

三、思维

思维发展与提升，需要一枚"指南针"来明确方向，继而坚定不移、勇往直前、直抵繁星。从思维培养角度来看，要求学生在语言活动中思维能力和品质得到提升，形成初步反思意识。思维能力是语文学科核心素养中的关键能力之一。它强调学生的逻辑思维能力、批判性思维和创新性思维。学生应通过学习和实践，掌握分析、综合、比较、判断等思维方法，能够独立思考，对问题进行深入探究，有自己的见解并形成解决方案。

关于思维发展与提升，第三章将从以下三个方面培养和助推：

第一节：正向思维和逆向思维的打开——我是"脂砚斋"，作文互评与升格。

第二节：辩证思维和逻辑思维的发展——用"论辨式"教学法全息式解读《五石之瓠》。

第三节：开放思维和创造思维的培养——高三诗歌阅读理解及创作时"三重身份"的转换。

如何运用"指南针"来帮助校准思维方向、提升思维品质呢？

第一节是关于作文互评与升格的教学研究和实践，通过互评的方式，学生互相帮助，各自从旁观者的角度，帮助彼此校准思维方向的精准度，并且正向和逆向双向深度进发。

第二节是对课文《五石之瓠》的教学研究，采用"论辨式"教学法进行全息式解读，提升学生辩证思维能力和逻辑思维能力，精准锁定，辩证展开。

第三节引导学生转换"三重身份"来多角度地提升古诗词的阅读理解能

力,从而进一步提升开放思维和创造思维水平。

第一节:用"指南针"精准定位、指明方向,正向和逆向双向深度进发。

"正向思维"是一种"常规思维",是一种寻找并解决问题的"积极思维",也是一种纵向深入的"垂直思维"。(常规思维:用常规常识或公认的方式进行认知和判断的思维方式。积极思维:寻找问题并解决问题的思维方式。垂直思维:认定一个方向后,由已知进到未知,从表象推到本质的思维方式。)

"逆向思维"是一种与众不同的"求异思维",是一种敢于"反其道而思之"的"反向思维",也是一种从结果反推原因的"倒推思维"。(求异思维:克服思维定式,破除僵化思维模式,是与众不同的思维方式。反向思维:从对立面的角度,顺着对立面的方向深入推演的思维方式。倒推思维:从结论反推原因,倒过来分析和思考的思维方式。)

以下通过三道作文题,一一阐述:第一道作文题——正向思维;第二道作文题——逆向思维;第三道作文题——双向思维。

【作文题目一】

荀子《劝学》中说:"蓬生麻中不扶自直,白沙在涅与之俱黑。"意思是:"蓬草长在麻地里,不用扶持也能挺立住,白沙混进了黑土里就再不能变白了。"后世也有不同看法。

对此你有怎样的思考?请写一篇文章,谈谈你的认识。

以正向思维来分析这道作文题。

常规思维:环境的影响至关重要,近朱者赤,近墨者黑。

积极思维:应努力向蓬草学习,择良木而栖,择良友而交。

垂直思维:外在环境是决定性因素吗?内因是否大于外因?个体能否进而改变环境?

【作文题目二】

有人认为,人可以平凡,但不可以平庸。也有人认为不尽如此。

对此,你怎么看?请写一篇文章,谈谈你的认识和思考。

"人可以平凡，但不可以平庸"是正向思维，"也有人认为不尽如此"是逆向思维。难道人也可以"平庸"？难道我们应该主张"平庸"？这样的"逆向思维"，是否有些过分追求"求异思维"？又该如何克服思维定式，进行有价值的、纵深的"反向思维"呢？

【作文题目三】

有人说，一切美的光是来自心灵这一源泉的，没有心灵的映射，是无所谓美的；也有人认为不尽然。

对此，请写一篇文章，谈谈你的思考。

这道作文题给予思维更广阔的发挥空间。对于美的光、心灵的源泉和心灵的映射可以有多重理解，或许有高低之分，但绝对没有对错之分，可以是正向思维，也可以逆向思维。

第二节：用"指南针"精准锁定、不离不弃，进行正向和反向双向辩证思考。

辩证思维能力是指掌握并运用辩证法的方法和技巧，在复杂、矛盾、多元化的现实情境中，能够及时识别和解决问题的能力，能够深刻理解事物的矛盾性和复杂性，用辩证的眼光去看待问题，从而把握问题的本质。能够对过去的经验进行反思和总结，从而发现经验中的一般性规律，更好地应对未来的问题。能够将多种观点、因素、方案等进行综合思考和分析，并创造性地提出解决问题的新思路和新方法。能够及时积累和更新知识，适应环境、市场、技术等的变化和需求，不断提高解决复杂问题的能力。

逻辑思维能力是指正确、合理思考的能力。既是对事物进行观察、比较、分析、综合、抽象、概括、判断、推理的能力，也是采用科学的逻辑方法，准确而有条理地表达自己思维过程的能力。

辩证思维训练：立足文本，拓展教材，用三则"论辩对话"拓宽思维广度。

第一则"论辩对话"：《庄子·秋水》中的"濠梁之辩"，作为课前补充导入课堂。

第二则"论辩对话"：《五石之瓠》中的"大瓠之辩"，是课堂讲解的重点。

第三则"论辩对话"：补充紧接着课文之后的"大树之辩"，进一步加深对文本的理解。

逻辑思维训练：概念界定，全盘落实，用"全息式观照解读法"加深思维深度。

所谓"全息式"，即从片段推导全貌；所谓"观照"，即超功利地对事物特性进行观察、体验、判断、审视。所谓"意焦"，即聚焦于某一点，是对事物某一角度的认知结果。

以"意焦"着手，以"观照"着眼，以"全息"着力。

"濠梁之辩"：导入课文，让学生看到庄子感性、超我的一面。

"大瓠之辩"：解读课文，让学生看到庄子无用、超凡的一面。

"大树之辩"：拓展课文，让学生看到庄子无欲、逍遥的一面。

这三面彼此交融，相互映照，互为因果。学生通过观察、比较、分析、综合、抽象、概括、判断和推理，看到了庄子身上一个立体、全息、大写的"人"字。

辩证思维和逻辑思维综合训练：自助放题式作业任务群。

自助放题式作业任务群的设计标准：紧扣文本，多重层次，自主选择，自助完成，不设限量，多元提升，旨在继续培养和提升学生的辩证思维能力和逻辑思维能力。

自助放题式：自助＋放题。自助：可以自由选择多项作业中的一项或几项，也可以选择独立完成或多人合作完成。多人合作完成的作业需要小组内成员相互助力，同时小组与小组之间也可以互通有无。放题：有收有放，先收后放，收放自如。

第三节：让"指南针"在始终保持向南的基础上，也能在水平面上自由旋转。

开放思维，指突破传统思维定式和狭隘眼界，多视角、全方位地看待问题，并且多方接受新观点、新想法，以灵活调整自己的思维方式。兼有拓展性、包容性和灵活性的特点。这种思维方式，有助于促进创新和跨界思考，也有助于解决复杂棘手的问题。

创造思维，指打破惯常的思维方式，重新组合并运用多种思维方式，保持连续性和顺畅性，得出有价值的新思维成果的思维方式。兼有独创性、流畅性、综合性的特点。这种思维方式，有助于培养创新和开拓能力，也有助于迎接挑战，创造更好的未来。

无论是开放思维，还是创造思维，都需要在实践过程中慢慢培养。而在构建这些思维的过程中，往往需要一枚"指南针"来明确方向。那么，哪里才是所指向的南方？

让学生体验答题者、阅卷者和命题者"三重身份"转换的目的在于，希望学生能够从各个角度充分体验、精准把握高中语文阅读理解的方法和诀窍，以此激发思维火花，提升思维品质。但是，无论是哪一个角度、哪一重身份，都需要掌握一个基本原则：可以天马行空、暗藏玄机，但必须有理有据、深思慎取。这或许就是"指南针"所指向的南方。

四、审美

一颗"玲珑心"，不仅能够发现美、欣赏美，还能够创造美。什么是"玲珑心"？是一颗细腻敏感的心，是一颗聪慧灵巧的心，是一颗善良宽容的心。

从审美维度来看，要求教师指导学生完成文学鉴赏，从而丰富审美情感，体会文学美感。审美创造则强调学生的艺术素养和审美情趣的养成。学生应具备欣赏艺术作品的能力，理解美的多样性和丰富性，同时能够创造表达自己的美感和情感的方式，包括欣赏音乐、绘画、戏剧等各种艺术作品，并能够进行简单的艺术创作和展现。

关于审美的鉴赏与创造，第四章将从以下三个方面进行培养和助推：

第一节：从文学审美到艺术审美——从《前赤壁赋》《后赤壁赋》的赏析到音乐与绘画的创作。

第二节：从世俗审美到超俗审美——为《梦游天姥吟留别》"补天"。

第三节：从审美直觉到审美距离——《项脊轩志》中的"审美观"。

如何用一颗"玲珑心",发现、欣赏、创造更多的美呢?

第一节:从文学和艺术审美的角度,欣赏并且创作绘画美和音乐美。

第二节:从世俗和超俗审美的角度,发现并且补足文学美。

第三节:从审美直觉和审美距离的角度,由近及远地赏析文学和艺术美。

第一节:文学审美——赏析《前赤壁赋》的"恣意美"和《后赤壁赋》的"苍凉美"。艺术审美——《前赤壁赋》学生音乐作品的"音乐美"和《后赤壁赋》学生绘画作品的"绘画美"。

赏析《前赤壁赋》的"恣意美",需要三颗心:闲适心、聪慧心、旷达心。

赏析《后赤壁赋》的"苍凉美",也需要三颗心:超然心、悲悯心、包容心。

《前赤壁赋》的"恣意美",不仅是赤壁的自然美景,也是苏轼的行文风格,更是作者与读者共有的审美匠心。赤壁的美是浑然天成的,文赋的美是行云流水的。苏轼用一颗"玲珑心"欣赏着清风明月的自然美,又用他的妙笔展现了这份自然美。作为读者的我们,也需要一颗"玲珑心",才能读懂这些美。

经历了"乌台诗案"的九死一生,苏轼拥有了一颗"旷达心";黄州的变相软禁,竟让苏轼拥有了忙里偷闲的"闲适心";他又凭借着自己与生俱来的"聪慧心",让《前赤壁赋》成了千古绝唱。而这些都需要我们了解背景、细读文本、横向比较、纵向深究、感同身受之后,才能真正体会到。

《后赤壁赋》的"苍凉美"与《前赤壁赋》的"恣意美"截然不同。"恣意美"像水,自然灵动,随心所欲;"苍凉美"像霜,洁白美丽,孤寂寒冷。"苍凉美",既源于外在的荒芜悲凉,也源于内在的沉郁悲怆;既源于外在的环境,更源于内在的心境。一种悲凉的美、悲壮的美、悲怆的美、悲伤的美、悲悯的美,要欣赏这些美,或许只有一颗经历了大风大浪之后的超然心、悲悯心、包容心才能消受得了。

作为读者的我们,或许也同样需要一颗超然心、悲悯心、包容心,才能理解苏轼复杂的情感,才能欣赏这样独特的美。一张"思维导图",七个巧妙的"切入点",引领学生步步深入,走进《后赤壁赋》的独特世界,拥有别样的审美。

从"欣赏美"到"创作美"。

你方唱罢我登场——学生音乐作品的艺术美。

挥毫落纸墨痕新——师生绘画作品的艺术美。

《前赤壁赋》中苏轼"扣舷而歌"的那首歌到底怎么唱？《后赤壁赋》中苏轼笔下的"山高月小图"又是怎样的一幅画？一首歌，一幅画，看似是师生单纯的音乐和绘画创作，其实与文学欣赏紧密相连，是一种审美的互动和激发，也是对文学作品更深的解读和理解。笔者也创作了一首词、一幅画，以此激励学生的创作才情。

第二节：世俗审美，是世俗大众在源远流长的历史积累中、在日常生活中所崇尚的自然实用、看似有些平淡却富有真趣的美。超俗审美，则是从现实生活超拔而出，在文学艺术作品中，发掘更深层次的情感、思想，源于生活，又高于生活。

从世俗审美到超俗审美，并非单向度的发展，也并没有所谓的优劣之分，两者可以交融，也可以相互转化，最终达到物我合一的境界，进而创造更丰富、更美好的生活。

李白的《梦游天姥吟留别》，兼有两种不同的美，既美得真实，又美得虚幻。在赏析整首诗的过程中，始终紧扣"亦真亦幻"四个字：天姥山是亦真亦幻的，诗人游山的过程是亦真亦幻的，诗人梦醒后的情境也是亦真亦幻的。诗人用惊人的想象力和瑰丽的文笔，在文学艺术领域，在"世俗审美"的基础上，将"超俗审美"推向了登峰造极的程度。

世俗的美，让人可亲可近；超俗的美，令人心驰神往。

从"欣赏美"到"延续美"。

李白的梦很美，可惜梦很短，在梦最美的时候，美梦戛然而止，留下了无尽的悬念。就像美本身那样，虽然美，却往往很脆弱，而人总希望美能延续，长长久久。于是，有了学生的"补天"：模仿诗仙李白的"文笔"，借助其想象的"翅膀"，为"天姥山"的"天"，为"梦游天姥吟留别"的"天"，补写一段想象的文字，弥补读者情感上的缺憾。

学生的四段补写作品，风格迥异，但也异中有同，想象力都极为丰富。

想象只是审美的翅膀,不是终极目标;审美的实质,是感知、理解、判断和建设。补写不是目的,而是要让学生在补写的过程中,能够实现理性与感性、主观与客观的统一,能够追求美好和真理。

世俗审美,需要一颗平常心,一颗细腻敏感的心,能够从寻常生活中,从自然平淡中,发现真趣的美。超俗审美,需要一颗聪慧心,一颗超然心,一颗悲悯心,一颗旷达心,一颗包容心,才能从现实生活中超拔而出,达到更高远的境界。

学生的补写作品也是如此,既要贴近原作,又要不拘于原作,甚至还能突破原作。这需要勇气,需要才情,也需要一颗玲珑心。

第三节:审美直觉,指的是人们在审美活动或艺术鉴赏活动中,对审美对象或艺术形象的一种不假思索、即刻把握与领悟的能力。审美距离具有这样一些基本特点:与客体保持一定的心理距离,不要轻易将主体(即自己)代入;摆脱利害关系,以非功利的心态来看待客体;与审美客体拉开一定距离,这个距离既指时间距离、空间距离,也指心理距离。

从审美直觉到审美距离,由近及远地赏析文学和艺术美。

用审美直觉来判断字义,用审美直觉来感受美好,用审美直觉来感受悲情。基于上述内容,设置了三个问题:

(1) 关于字义,"借书满架"中的"借"字真的应解释为"借阅"吗?

(2) 你喜欢归有光对项脊轩的一番改造吗? 为什么?

(3) 你觉得归有光的家庭变故"可悲"吗?你能感受到归有光"多可喜,亦多可悲"的复杂情感吗?

《项脊轩志》中的审美距离,抓住三个焦点:时间距离、空间距离、心理距离。

时间距离:最后两段文字是作者多年后补写的,相隔大概有十三年之久。

空间距离:补写最后两段文字的时候,作者已经远离家乡,在外漂泊多年。这种空间距离让作者得以远观,而远观能够让悲伤淡化。

心理距离:作者回忆已经去世的亲人(祖母、母亲和妻子),如果没有保持一定的心理距离，很可能无法承受失去至亲的痛苦，更不要说那些回忆中的美好和甜蜜了。行文最后提到的那棵枇杷树也是如此，因为作者"多在外，不常居"，记忆中的枇杷树才变得更加"亭亭如盖"，虽然悲伤，但悲伤中也多了一丝浪漫和甜蜜。心理距离让悲伤也具有了美感。

　　作为读者，在阅读作品的时候，也需要保持适当的心理距离，不要轻易将自己代入，要以一种非功利的心态来阅读。适当的心理距离可以让我们更加理性、客观，也更加敏锐、深刻。

　　审美直觉，需要一颗细腻、敏感的心，不假思索地将自己代入，设身处地，感同身受。

　　审美距离，需要一颗理智、冷静的心，顺势而为地将自己抽离，保持距离，高瞻远瞩。

第二节　教师的"三个立足"

　　这是一本花了十六年的时间才完成的书。

　　从 2008 年开始收录作品，到 2024 年，整个时间跨度长达十六年。在这十六年间，教学对象发生了变化——从上海师范大学附属中学（以下简称"上师大附中"）变成上海外国语大学附属外国语学校（以下简称"上外附中"），教学内容在变，教材在变，教学理念在变，但万变不离其宗，"三个立足"——立足教材、立足学生、立足讲台——是笔者作为教师的立身之本，始终未变。

一、立足教材

　　立足教材和文本是基础。

　　教材是一门课程的核心教学材料，经过专家组的严格审查，确保了内容的科学性、系统性和实用性，是学生在学校获得系统知识的重要材料。教材中的很多经典篇目，经久不衰，笔者上学的时候就学过，现在再与自己的学生共享,是莫大的幸运。

作为教师,有多年的教学经验,再加上自身的阅读积累和相对丰富的人生阅历,对教材的理解可能会比学生更深一层。这些都是优势,但也可能成为墨守成规的劣势。所以,教材中的每一篇课文,不管是经典名篇,还是新增加的篇目,都要常备常新。备课,不仅要备教材,也要备学生,备教学方法。

尽管教材中的一些经典名篇,教师已经教过很多轮了,但每一轮教学仍要重读、精读,读通、读透。而且在每一次的重读过程中,往往会有一些新的发现。比如,笔者在李白的《梦游天姥吟留别》的备课过程中突然想到:李白的梦为什么在最精彩的时候戛然而止了?如果没有戛然而止,还会继续发生什么?于是尝试新的教学方法,让学生试着补写这段戛然而止的梦境。这样不仅丰富了学生的想象力,也加深了他们对文本的理解,提升了认知能力和写作能力,尤其是在古诗文方面的写作能力。

学生补写,其实也是在圆很多读者共同的梦。补写,不能毫无依据地凭空幻想。想象既要合情又要合理,要根据诗歌前后情节和诗人写作背景来发挥想象力。文本学习也是一种激发潜能的方式,读通、读透文本为学生进一步地发挥想象力提供了可能。在赏析了学生精彩的"补写作品"之后,教师继续引领学生回到文本,思考一个问题:既然大家都写得这么精彩,那么李白自己为什么不写?基于文本,超越文本,再回归文本。

通过进一步的深入思考后,我们终于明白了李白梦断的深层原因:人生如梦,难以尽欢。即便如此,诗人却依然不悔自己的选择,不屈从世俗,不摧眉折腰,官场的"神仙美梦"就让它这样戛然而止吧!这是诗人无悔的选择。学生在创作的过程中更深切地体会到了诗人的所思所想,与诗人进行了一次穿越时空的、深层次的精神交流,通过同一种诗歌语言,进行了一次超越现实的笔谈。

立足教材,又不止于教材;突破文本,又回归文本。

二、立足学生

立足学生的现在，立足学生的将来。

以学生为主体，以学生的全面发展为目标，因材施教，有教无类。

高中语文核心素养综合培养的四个方面，即语言构建与运用、思维发展与提升、审美鉴赏与创造、文化传承与理解，无论是哪一方面，都立足学生现有的学习能力，并且在此基础上实现循序渐进的突破，鼓励学生大胆创作。

纵观全书，学生的创作涉及这些领域：新诗、古诗词、古文、英语翻译、小说补写、研究论文、应试作文的写作和批阅、诗歌鉴赏和命题、辩论、演讲、绘画、音乐……结合人教版高中语文教材的内容，根据学生多方面的能力，给予他们突破自我的可能性。

说到创作，高中语文教学的创作似乎一直"戴着镣铐"，主要局限在阅读理解的答题和应试作文、竞赛作文的写作这些方面，随笔对于他们来说已经属于"放飞"，但随笔有时也是命题式的。其实，学生的创作能力是惊人的，如果给他们一个舞台，每一名学生都可以闪亮登场。

教师不仅要给他们一个展示的舞台，还要为他们添上一对飞翔的翅膀。天马行空也好，不着边际也好，只有展翅飞翔，一切才有可能。

比如，阅读《老人与海》英文原著，比较各种不同的译本，让学生自己翻译创作。笔者之所以敢于尝试这类教学方法，其中一个原因是上外附中的学生英语基础特别好。

比如，举办《红楼梦》整本书阅读的研究论文和宣讲比赛。这其实是上外附中多年以来的传统，在《红楼梦》还没有被纳入教材作为整本书阅读的教学内容时，高一《三国演义》、高二《红楼梦》的整本书阅读和宣讲展示，就已经成为高中语文教学的传统学习项目。事实也证明，多年的坚持，让学生变得更加自信，全脱稿的演讲精彩纷呈。无论是埋头研读，还是登台演讲，这些都培养了学生严谨的治学态度，也培养了他们敏捷的思维能力、高超的语言表达能力、机敏的应变整合能力。而这些能力的培养,将有利于学生今后的长足发展。

立足学生的现在,又不止于现在;立足学生的将来,又不止于将来。

三、立足讲台

高中语文教学方法,和大学中文系的教学方法,应该有诸多不同。

高中语文教学,更多地需要立足讲台,教学实践重于科研项目,"三尺讲台"仍是中学教师的立身之本。怎么把课上好,怎么让学生喜欢上语文课,仍是教学的重点和难点。

要让学生喜爱课堂,教师首先自身也要热爱课堂。语言构建与运用、文化传承与理解、思维发展与提升、审美鉴赏与创造等四个方面的很大一部分活动,都是在课堂上进行的。空间虽然不大,但可能性是无限的。课前充分备课,不仅备教材、备教案,也要备学生;课上激情讲解,不仅教师自己讲,也要鼓励学生积极发言,共同探讨,教学相长;课后精心设计作业,跟踪完成情况,及时批阅反馈。

教师是课堂的主导,但不是主宰;讲台是教师的立身之本,但不能因此而故步自封。

立足讲台,又不止于讲台;超越课堂,又回归课堂。

第一章

基础篇：语言建构与运用

第一节 横向比较"浅白灵动"的语言美

——新诗的存疑解惑与酝酿创作

摘　要

一、关于新诗的解读比较

（一）存疑解惑之一

1. 新诗的源头和特点有哪些？

2. 如何理解新诗"浅白灵动"的语言美？

3. 四位新诗"第一人"都是谁？

（二）存疑解惑之二

1. 诗人纪弦的创作理论是否自相矛盾？

2. 纪弦和闻一多的主张似乎截然相反，孰是孰非？

（三）存疑解惑之三

纪弦、闻一多、雪莱的代表作，如何"横向比较"？

二、关于新诗的酝酿创作

（一）存疑解惑之四

学生创作的新诗作品，如何评价？

（二）存疑解惑之五

"小小访谈"，关于创作新诗的"三问三答"

·—·+·—·+·—·+·—·+·—·+·—·+·—·+·—·+·—·+·—·+·—·+·—·+·—·+·—·+·—·+·—·

一、关于新诗的解读比较

（一）存疑解惑之一

1. 新诗的源头和特点有哪些？

新诗的源头和特点：所谓"新诗"，是指五四运动前后所产生的以白话文作为基本语言手段的诗歌体裁，有别于特别讲究辞藻、对仗、平仄、韵律、章法句式等的古典诗词。

2. 如何理解新诗"浅白灵动"的语言美？

"浅"是"浅近"的意思，不故作高深，比较容易理解，也比较容易写作。"白"是"白话"的意思，也就是以现代汉语口语为基础，然后经过加工的书面语。"灵动"是生动、丰盈、有灵气、富于变化、摇曳生姿的意思，是语言文字的灵动美，是语言文字所串联的节奏美，也是语言文字内涵的丰盈美。

3. 四位新诗"第一人"都是谁？

四位新诗"第一人"：胡适，白话诗创作的"第一人"；闻一多，新诗理论主张的"第一人"；纪弦，台湾现代派诗人"第一人"；雪莱，英国浪漫主义诗人，也是"第一位"社会主义诗人。

（二）存疑解惑之二

1. 诗人纪弦的创作理论是否自相矛盾？

纪弦是我国台湾现代派诗人。《新京报》曾评价他为"开启台湾现代诗运动的代表人物"。诗人郑愁予接受台湾媒体采访时说："纪弦在整个中国现代诗史上，是一个巨人。"

纪弦在其独立创办的《现代诗》上发表了"现代派"的"六大信条"：

第一条："我们是有所扬弃并发扬光大地包容了自波特莱尔以降一切新

兴诗派之精神与要素的现代派之一群。"（旗帜鲜明地亮出了自己的流派——现代派）

第二条："我们认为新诗乃是横的移植，而非纵的继承。这是一个总的看法，一个基本的出发点，无论是理论的建立或创作的实践。"

……

第五条："追求诗的纯粹性。"（指出诗歌具体的审美主张）

……

纪弦的新诗创作理论似乎有自相矛盾之处。

矛盾之一：纪弦主张"今天是散文的时代，诗也要用散文来写"，与其主张的"每一诗行乃至每一个字，都必须是纯粹'诗的'而非'散文的'"，似乎自相矛盾。

矛盾之二：纪弦主张"我们认为新诗乃是横的移植，而非纵的继承"，又说"现代诗彻底排除了文字的音乐性。现代诗放逐抒情"。但西方的诗歌其实并非"彻底排除了文字的音乐性"，比如英国诗人雪莱的《致云雀》，就饱含"音乐"的美，无论是音韵还是节奏，都极具文字的"音乐性"。既然如此，纪弦主张"移植之花"，但实际好像并没有进行完全"移植"，特别是在"音乐性"方面，甚至还全盘否定。

矛盾之三：纪弦主张中国新诗不是"国粹"，而是"移植之花"，"国粹"和"移植之花"是否完全对立？其实并非如此，纪弦那首著名的新诗《你的名字》就颇有我国文化的精华，同时也兼有西方诗歌的特点，可谓兼而有之。

2. 纪弦和闻一多的主张似乎截然相反，孰是孰非？

闻一多是早期新诗流派"新月派"的代表诗人，是我国现代文学史上集诗人、学者和斗士于一身的重要诗人。他不仅致力于新诗的创作，也提出了著名的"新格律诗"理论主张。《诗的格律》一文是闻一多系列诗论中非常重要的一篇。在这篇论文中，他系统地提出："诗的实力不独包括音乐的美（音节），绘画的美（词藻），并且还有建筑的美（节的匀称和句的均齐）。"

这一关于新诗"三美"的主张成为"新格律诗派"的理论纲领。

闻一多在《诗的格律》中还说:"诗的所以能激发情感,完全在它的节奏;节奏便是格律。……越有魄力的作家,越是要戴着脚镣跳舞才跳得痛快,跳得好。只有不会跳舞的才怪脚镣碍事,只有不会作诗的才感觉得格律的束缚。对于不会作诗的,格律是表现的障碍物;对于一个作家,格律便成了表现的利器。……因为世上只有节奏比较简单的散文,决不能有没有节奏的诗。本来诗一向就没有脱离过格律或节奏。"

以上两位现代诗的代表诗人纪弦和闻一多,关于新诗的看法截然相反,孰是孰非?

纪弦强调新诗绝非"纵的继承",但闻一多强调新诗也需要"脚镣"。"脚镣"就是格律或节奏,也就是不能全盘反对"纵的继承",需要有创新地继承。从这一点上来说,笔者更倾向于闻一多的主张。因为,无论是纪弦自己所创作的新诗,还是纪弦所推崇的西方诗歌,都有内在的节奏,所以新诗肯定要有格律,虽然和旧诗的格律不完全相同,但也有相似之处。即便是纪弦自己,也在1997年的《跳舞与竞技》里承认,"戴着镣铐跳舞,也不是不美的"。

(三)存疑解惑之三

纪弦、闻一多、雪莱的代表作,如何"横向比较"?

"横看成岭侧成峰,远近高低各不同"的多角度观察,以及"细微之处见风范,毫厘之间品高下"的细致品读,"横向比较"赏析法的两大要素就是:多角度和细微处。

1. 先看"多角度"

首先,纪弦的新诗《你的名字》和闻一多的《红烛》可以横向比较:不同的诗歌理论是否催生了不同的诗歌作品?其次,纪弦的新诗《你的名字》和雪莱的《致云雀》也可以横向比较:纪弦所说的"横的移植"是否很好地移植了西方诗歌的精髓?其中,闻一多的《红烛》和雪莱的《致云雀》,被收录在人教版高中语文教材必修上册第一单元第2课里。最后,可以对这三首诗进行一个多角度立体的横向比较。

先看纪弦的新诗《你的名字》①：

> 用了世界上最轻最轻的声音，
>
> 轻轻地唤你的名字每夜每夜。
>
> 写你的名字。
>
> 画你的名字。
>
> 而梦见的是你的发光的名字：
>
> 如日，如星，你的名字。
>
> 如灯，如钻石，你的名字。
>
> 如缤纷的火花，如闪电，你的名字。
>
> 如原始森林的燃烧，你的名字。
>
> 刻你的名字！
>
> 刻你的名字在树上。
>
> 刻你的名字在不凋的生命树上。
>
> 当这植物长成了参天的古木时，
>
> 啊啊，多好，多好，
>
> 你的名字也大起来。
>
> 大起来了，你的名字。
>
> 亮起来了，你的名字。
>
> 于是，轻轻轻轻轻轻地唤你的名字。

这首新诗的美，正像诗人纪弦自己所说的那样，就是一种"纯粹"的美，一种"净化"的美，美的不仅是诗的语言，还有诗的情感。诗中没有出现一个爱字，但是似乎字字句句都有爱，爱得入骨，爱得纯粹。

笔者以为，纪弦的这首《你的名字》的语言有一种"浅白"的美，没有肉麻

---

① 纪弦：《你的名字》，载《纪弦自选集》，黎明文化事业股份有限公司，1978，第 184—185 页。

的表白,没有热烈的呼喊,整首诗的用词浅显直白,甚至口语化到了极致。全诗喃喃自语,滔滔不绝,轻轻而又充满深情地呼唤"你的名字",而"你的名字"就像这空气一样,无声无息,无所不在,只要活着,它就在那里。这种浅白的语言风格,其实也是闻一多《红烛》的语言风格。

《你的名字》也有一种"灵动"的美。这首新诗行云流水,看似没有格律,却自有它灵动的节奏。既有美学结构的大回环,也有节与节之间近距离的小回环。七个连续的"如"构成一个小循环,三个连续的"刻你的名字"也构成一个小循环。而"大起来了,你的名字",呼应的是前面的"长成了参天的古木";"亮起来了,你的名字",呼应的则是前面的"如缤纷的火花,如闪电":这又是一个大循环。既有近距离的连续,也有远距离的勾连,还有整体的回环。这或许就是新诗不露声色的节奏和韵律。新诗的这种节奏感,难道不就是闻一多所提倡的"脚镣"吗?"脚镣"就是新诗的格律和节奏啊。

纪弦决然反对新诗"纵的继承",其实,他的这首新诗又何尝不是一种新的继承呢?无论古诗还是新诗,诗歌内在的节奏都是不可或缺的,怎么可以断然否定两者之间的一脉相承呢?

不仅是回环往复、一环紧扣一环,这首《你的名字》也继承了旧诗"由浅入深"的艺术手法。写你的名字—画你的名字—刻你的名字,由浅入深,由表及里,深深刻在诗人的心里。

再有,"最轻最轻—轻轻——轻轻轻轻轻轻",妙用复沓、叠词、叠句等艺术手法,构成了音韵的回环和旋律的优美,使全诗读起来音调和谐,圆润流畅。说到"叠词",脑海里便会浮现很多古典诗词:王之涣《宴词》中的"长堤春水绿悠悠",崔颢《黄鹤楼》中的"芳草萋萋鹦鹉洲",李清照《声声慢》中的"寻寻觅觅,冷冷清清,凄凄惨惨戚戚"。所以,纪弦的新诗很难彻底断绝"纵的继承"。

当然,这首新诗有一点确实没有"纵的继承",那就是"押韵"。整首《你的名字》没有任何押韵,这一点似乎是"刻意"为之。不过总的来说,虽然没有押韵,但读起来还是自然流畅的,没有别扭的感觉,可能是因为用了大量的复沓、叠词、叠句以及结构上的回环往复。这一点也确实与闻一多的《红烛》和雪莱的《致云雀》很不一样。

再看闻一多的《红烛》①:

蜡炬成灰泪始干

——李商隐

红烛啊!

这样红的烛!

诗人啊!

吐出你的心来比比,

可是一般颜色?

红烛啊!

是谁制的蜡——给你躯体?

是谁点的火——点着灵魂?

为何更须烧蜡成灰,

然后才放光出?

一误再误;

矛盾! 冲突!

红烛啊!

不误,不误!

原是要"烧"出你的光来——

这正是自然的方法。

红烛啊!

---

① 闻一多:《红烛》,教育部组织编写:《普通高中教科书　语文　必修　上册》,人民教育出版社,2019,第4—6页。

既制了，便烧着！

烧吧！烧吧！

烧破世人的梦，

烧沸世人的血——

也救出他们的灵魂，

也捣破他们的监狱！

红烛啊！

你心火发光之期，

正是泪流开始之日。

红烛啊！

匠人造了你，

原是为烧的。

既已烧着，

又何苦伤心流泪？

哦！我知道了！

是残风来侵你的光芒，

你烧得不稳时，

才着急得流泪！

红烛啊！

流吧！你怎能不流呢？

请将你的脂膏，

不息地流向人间，

培出慰藉的花儿，

结成快乐的果子！

红烛啊！

你流一滴泪，灰一分心。

灰心流泪你的果，

创造光明你的因。

红烛啊！

"莫问收获，但问耕耘。"

首先，这首《红烛》与纪弦"刻意"地避开押韵不同，它有押韵"烛、误、突、误、狱"，押的是十三韵中的姑居韵。而且，闻一多似乎在刻意凸显"纵的继承"，在诗歌开头便特意引用了李商隐《无题》中的诗句，似乎在暗示这首新诗不仅是形式上的"纵向继承"，如押韵、意象，更有内容和内涵上的"纵向继承"。不仅是继承，更有新的演绎和发挥。

比如，闻一多强调新诗"绘画的美"，也就是辞藻的美，要求诗歌语言美丽，富有色彩，讲究诗的视觉形象和直观性。这首《红烛》很好地体现了诗人的这一诗歌理论。语言既浅白又美丽，浅白的是用词，质朴的语言却有美丽、鲜明的色彩。红烛的红色，鲜艳而浓烈；红烛的光芒，明丽而热烈；诗人的一颗红心，更是炽热而无悔。给读者以强烈的视觉冲击，而且一目了然，具有很强的直观性。

与之相比，纪弦的《你的名字》似乎没有那么多丰富的色彩，但也不完全如此。比如，《你的名字》中有"而梦见的是你的发光的名字""如缤纷的火花，如闪电，你的名字。如原始森林的燃烧，你的名字"。所以，《你的名字》也有色彩，甚至是耀眼的色彩。

在格律和节奏方面，《红烛》这首新诗的节奏不仅体现在格律音韵这样显性的方面，也体现在内在情感脉络这样隐性的地方。比如，整首诗的情感脉络就像李商隐的《无题》那样，跌宕起伏：从燃烧自己的怀疑迷茫，到救赎世人的坚定执着，到因为不能充分燃烧而着急焦虑，再到为世人创造光明而快乐欣慰，最后到但问耕耘的无怨无悔。

李商隐《无题》中的情感脉络也是一波三折："相见时难别亦难，东风无力百花残。春蚕到死丝方尽，蜡炬成灰泪始干。晓镜但愁云鬓改，夜吟应觉月光寒。蓬山此去无多路,青鸟殷勤为探看。"极度相思的离愁—九死不悔的深情—推想对方的痴心—重燃希望的念想,这根内在的情感线索往往需要读者通过对语言文字的"透视"才能洞见。

两者相比较,《红烛》一诗,既有纵向继承,也有横向拓展丰富。闻一多的"红烛"似乎比李商隐的"蜡炬"含义更加丰富,也更加积极,已经不再是纯粹的儿女私情了,而是一种"大无畏"的革命献身精神,一种"大我"的精神。

宋代胡仔的《苕溪渔隐丛话后集·杜牧之》提出了"意在言外"的概念:"此绝句极佳,意在言外,而幽怨之情自见,不待明言也。"新诗中看似"浅近直白"的语言,其实有着"灵动隐幽"的内在情感和节奏,这些往往在横向比较中才更能看清看透。

再看雪莱的《致云雀》英文原诗的最后两节,以及人教版高中语文教材中江枫的译文:

> Better than all measures
>
> Of delightful sound,
>
> Better than all treasures
>
> That in books are found,
>
> Thy skill to poet were, thou scorner of the ground!
>
> Teach me half the gladness
>
> That thy brain must know,
>
> Such harmonious madness
>
> From my lips would flow
>
> The world should listen then, as I am listening now.

> 比一切欢乐的音律
>
> 更加甜蜜美妙,
>
> 比一切书中的宝库
>
> 更加丰盛富饶。

这就是鄙弃尘土的你啊你的艺术技巧。

教给我一半，你的心

必定熟知的欢欣，

和谐、炽热的激情

就会流出我的双唇，

全世界就会像此刻的我——侧耳倾听。

雪莱的英文原诗，倒数第二节，每一行最后一个单词的最后一个字母分别是：s—d—s—d—d；最后一节，每一行最后一个单词的最后一个字母分别是：s—w—s—w—w。再看江枫的译诗，两节的韵脚分别是："妙—饶—巧"的"ao"和"心—欣—情—听"的"in/ing"。

不得不说，翻译家的文学功底确实令人钦佩：需要深谙两门语言，并且要巧妙地转化，甚至要在忠于原著的基础上进行创作。所以，纪弦提出的"新诗乃是横的移植"，好像新诗不需要押韵一样，笔者对此并不认同。西方的诗歌其实也押韵，只不过和中国古典诗词的押韵不太一样，或者说没有那么严格罢了。

《致云雀》也运用了意象，"云雀"就是整首诗大量意象中最重要的一个。而这一点，纪弦《你的名字》中其实也有，如"刻在树上""参天的古木"，不也是意象吗？只不过意象的运用并不多，更多的还是"浅吟低唱"般的抒情和呼唤。闻一多《红烛》中的意象"红烛"，则与《致云雀》中的意象"云雀"十分神似，既贯穿诗歌始终，同时意象的内涵也非常丰富、非常巧妙。

所以，可以这样说，古今中外的诗歌其实在很多方面都是相通的，很难完全割裂。绝不"纵的继承"，必须"横的移植"，其实是行不通的。

2. 再看"细微处"

有时，我们需要用"放大镜"来看。

英国诗人雪莱的《致云雀》有多种译本，教材选用的是 19 世纪 20 年代江枫的译本，教师可以引领学生在欣赏中文译本的同时，也横向对照英文原版，

或许可以得到双倍的享受和发现。我们试赏析《致云雀》第一节的英文原诗
及对应的译文：

> Hail to thee, blithe Spirit!
>
> Bird thou never wert,
>
> That from Heaven, or near it,
>
> Pourest thy full heart
>
> In profuse strains of unpremeditated art.

> 你好啊，欢乐的精灵！
>
> 你似乎从不是飞禽，
>
> 从天堂或天堂的邻近，
>
> 以酣畅淋漓的乐音，
>
> 不事雕琢的艺术，倾吐你的衷心。

首先，我们要用"放大镜"来看清每一个字词的意思。

"thee"是古英语"you"的宾格，解释为"你"。"thy"是古英语"your"，解释
为"你的"。"thou"也是古时的"you"，"你"的意思。

"wert"也是古英语，相当于现代英语中的"were"。

"pourest"应该也是古英语，相当于现代英语里的"pour"，"倾注"的意思。
泰戈尔也曾经在他的诗歌中用过"pourest"这个单词。

"profuse"是指"过多的，极其丰富的"，古英语也指"（人）挥霍的，浪费
的"。"unpremeditated"是"非预谋"的意思。

其中最令人疑惑的可能就是"strain"这个单词，一般解释为"压力，张力，
品质"等，江枫却将它翻译为"乐音"。"strain"这个单词，约于 1300 年开始，意
为"系，捆，扎"；14 世纪后期开始，意为"拉紧；使绷紧"；16 世纪 70 年代"音乐
段落"的意思可能就是从"收紧"声音的动词意义发展而来的，最初是用于指
音乐乐器的弦（14 世纪晚期）。这样看来，江枫将"strains"翻译为"乐音"还是
很有道理的，而且也很巧妙，因为云雀的歌声柔美嘹亮，云雀时常疾飞直上，

载歌载鸣，高唱入云，叫声像音乐一样悦耳动听。

其次，我们不仅要用"放大镜"看清每一个字词的意思，还要用"放大镜"看清每一个句子的结构。比如这句：

Pourest thy full heart

In profuse strains of unpremeditated art.

如果从直译的角度来看，我们可能会觉得应译为：

倾吐你的衷心，

以不事雕琢的艺术的酣畅淋漓的乐音。

这样翻译应该更加精准一些，但过长的句子可能使诗歌失去原本短促灵动的节奏，变得有些冗长笨拙。当然，我们也可以人为地将它断开，让长句变成短句：

倾吐你的衷心，

以不事雕琢的艺术，酣畅淋漓的乐音。

或者译为：

倾吐你的衷心，

以酣畅淋漓的乐音，不事雕琢的艺术。

以上两者相比较，肯定是前者更好，因为押韵的关系，"音"和前面的"灵、禽、近、心"都押"in"韵，"术"字显然不押韵。就如雪莱英文版的这一段，每一句的最后一个单词都以"t"结尾。不过，笔者还是觉得"倾吐你的衷心，以不事雕琢的艺术，酣畅淋漓的乐音"的翻译，比江枫"以酣畅淋漓的乐音，不事雕琢的艺术，倾吐你的衷心"的翻译更加精准一些，而且也不影响押韵和节奏的美感。

所以，还是那句话，英文诗歌也是押韵的，纪弦的新诗刻意不押韵，其实没有必要。雪莱的这首《致云雀》也押韵，而且是通篇押韵，但押韵的方式还是比较特别，有别于中国古诗的一韵到底，《致云雀》每一节的韵都可能有变化，甚至一节之中也可能会有几个不同的韵。

最后，我们还要用"放大镜"来横向比较。

"横向比较"指我国不同风格的新诗之间的比较,比如纪弦的《你的名字》和闻一多的《红烛》;也指古今诗歌之间的比较,比如闻一多的《红烛》和李商隐的《无题》;也指东西方诗歌的比较,比如纪弦的《你的名字》、闻一多的《红烛》和雪莱的《致云雀》;也指东方译诗和西方原诗之间的比较,比如江枫的《致云雀》译诗和雪莱的《致云雀》英文原诗;最后还指东方不同译诗之间的比较,比如江枫的译诗和查良铮的译诗。

不同版本的译诗之间的横向比较,不仅可以让读者品尝到原作诗歌原汁原味的语言美,也可以在不同版本的译诗中一品语言的高下。

看查良铮的译诗,还是这第一节:

> 祝你长生,欢快的精灵!
>
> 谁说你是只飞禽?
>
> 你从天庭,或它的近处,
>
> 倾泻你整个的心,
>
> 无须琢磨,便发出丰盛的乐音。

显然,查良铮的译本,更多的是意译和自己的创作。我们用"放大镜"来一句句仔细比较:

第一句:Hail to thee, blithe Spirit!

江枫译为"你好啊,欢乐的精灵!",查良铮译为"祝你长生,欢快的精灵!"。hail 是"打招呼"或者"致敬"的意思,并没有祝愿"长生"的意思。

第二句:Bird thou never wert

江枫译为"你似乎从不是飞禽",查良铮译为"谁说你是只飞禽?"。

原诗将宾语 bird 提前,可能是因为需要押韵的关系。江枫的翻译更加准确,将 never 译为"从不是";查良铮则译为反问句,应该是为了加强否定的语气,语气上似乎更强烈,但更偏向于自己的创作。

第三句:That from Heaven, or near it

江枫译为"从天堂或天堂的邻近",查良铮译为"你从天庭,或它的近处"。

查良铮的翻译较原诗多了一个"你"字，也算是自己的创作。

第四句：Pourest thy full heart In profuse strains of unpremeditated art.

江枫译为"以醇畅淋漓的乐音，不事雕琢的艺术，倾吐你的衷心"，查良铮译为"倾泻你整个的心，无须琢磨，便发出丰盛的乐音"。

从语序上看，查良铮更加尊重原诗，没有前后调整；江枫则将前半句置后，将后半句提前。其中查良铮的"倾泻"一词比江枫的"倾吐"更加准确，更加符合"pourest"这个单词的意思。但"倾吐"一词比"倾泻"更富有情感，将云雀拟人化，语言更加灵动，将云雀的灵性表现出来了。而且"以醇畅淋漓的乐音"的翻译比"便发出丰盛的乐音"更有文采和诗意，也更加精准：in 是"用"的意思，没有"便"的意思；"of unpremeditated art"，翻译成"不事雕琢的艺术"也显然比"无须琢磨"更加准确。

横向比较之后我们发现：在翻译的过程中，我们首先还是要尊重原作的字面意思和语言习惯，可以适当加以发挥和演绎，但还是要以原作内容为主。在引导学生"品鉴"新诗语言时，要横向比较，拓宽视野，更要纵向深入，紧贴每一个词语，一字一句，细细读来，才能品出真滋味。

这些可能都是需要用"放大镜"来看的，只有这样，才能看得真切，看得深刻。

二、关于新诗的酝酿创作

（一）存疑解惑之四

学生创作的新诗作品，如何评价？

从语言维度上培养学生对于新诗语言的品鉴能力，然后在"品鉴"的基础上"积累"乃至"构建"和"运用"。

新诗的语言浅白灵动，可能更适合现代的学生模仿和创作。在品鉴和比较纪弦的《你的名字》、闻一多的《红烛》和雪莱的《致云雀》之后，放手鼓励学生去模仿和创作。以下是上外附中 2026 届学生钱骆盈在参加第 21 届叶圣陶杯全国中学生新作文大赛初赛时创作的参赛作品，是一首原创的新诗。

你一生的色彩

后窗　　四方间

我看见井中天空的浅蓝流淌,喧嚣高塔的白垩沉积,

看见红色滚动,鲜艳相互啮合,城市雾中珊瑚、夜里烟火。

窗前挂了一万顶棕色羊绒帽子,窗外水管锈迹斑斑:

你的青绿色台灯还能工作,衣柜也在公寓长出根系高喊生命万岁。

我也看见,

你脊背佝偻意志残破,双腿搁置在轮椅、灵魂弥散整个春天:

春天让冰面下红蜻蜓想起音乐、让德国诗人想起早餐面包,

是否让你忆起我对烟囱的随意倚靠,

那时渡鸦停上苹果树转头向右,树上红色果实闷声远走。

你向我伸出手,掌中握着万里悲秋,

从那里的钟楼望去,屋顶也都像远方的河

灰白的高墙边红砖上落了瓦片、瓦片上落了石灰。

你摇着轮椅、随手在墙上画出伊甸园的入口,

我学你弯曲脊背装出恭谦,你闭上眼、残垣中苔藓长出绿色眼眸。

雷雨夜台灯常熄,偶尔扰我关于那样青绿的树和苹果的梦境

明灭间我阁楼的飞蛾翅膀变得鹅黄,或者蛾黄

若适逢你万里秋的晨昏,便寻着启明星去,

一夜如蝴蝶翩跹,把我空洞的梦烧成太阳。

你略显歉意,就捧一盒陨石来赔礼。

银鱼白的铁盒放在灯边,你说,试试能不能把蛾引回来

你还请我去你秋天的傍晚,就坐在钟楼对面山坡上废弃的公园

落叶满地,昏黄的云和破碎的黄铜雕像堆在角落

我们走向更深的秋夜,那里墓园的树木是暖暖发光的紫灰

斗转星移,树上会长出永恒的金苹果。

很多年后我依然会陷入坠空的谵妄，大雾里你的眼是孔雀蓝色

醒后见大漠艳阳高照与你俯首独行，黄沙漫天，驼铃阵阵

我便随你一路点燃蜡烛，像齿轮滚滚般声势浩大原地轮回，

  抬头 绿树亭亭如盖。

比树更高更远处是白象似的群山

  你乞力马扎罗的朝圣。

我忽而忆起曾在你的黑白照片中行走，

  你捧着厚的书坐在学堂，或是同拐杖嬉笑怒骂

  我遥遥站在神龛前，然后从谵妄又一次醒来

满地青花碎。

你死后血肉不再依附骨骼，骨骼便带着所有金玉奔向月球追寻自由

我仍记得你在车站的独守

  站台的尘灰与草木，火车橡树般的棕

  火车上人人不听不讲，应和你无言的灰色房间。

于是我上车，

  离开车站飘落的线路图与你苍老的姿态

  一路穿针引线、织出绸缎锦绣

经过你手掌的绵延，到达那座钟楼

  那已不再有无尽的秋，和伊甸园在墙的尽头

  紫藤萝缠着梯子和窗，窗沿伏着藓和蛛网灰

钟楼的木门潮湿朽坏，而塔顶撇下一切芜杂

  我终于站在云中、看见你

  你却垂下眼，面目焦黑

青苹果的梦，坠空的谵妄

你仍在你的万里秋，轮椅碾过钟楼下枯死的杂草

  你仍有守序的天亮。

那永远是你的钟楼

　　从塔顶望去,城市就像雨后真菌生长的土地

鼠灰色的大地

你终于站在云里、看见太阳

　　在付之一炬后,缓缓睁开的眼眸

废墟之上婆娑的青绿

大漠驼铃空无的花青

鲜血洇湿报纸的殷红

飞蛾点燃墓园的金黄

钟楼塔顶刺绣的藤萝

　　你一生追寻的色彩。

　　　　　　　　我敬畏那些逆着大风在沙漠或雪山中追寻理想的人,

　　　　　　　　我更敬畏每一个在灰白色生活中追寻色彩的平凡人。

　　　　　　　　　　　　他们有一个共同的名字　　叫作,艺术家。

　　下面笔者主要就新诗语言特点这一方面对这首新诗加以赏析。

　　闻一多强调新诗的"绘画的美",也就是辞藻的美,要求诗歌语言美丽,富有色彩,讲究诗的视觉形象和直观性,这首《你一生的色彩》似乎很好地体现了这一诗歌理论。诗的题目就是"你一生的色彩",而且整首诗的色彩也极为丰富,我们试着细数有哪些彩色:

　　从题目"你一生的色彩"开始,浅蓝的天空,白垩沉积的高塔,滚动的红色,棕色的羊绒帽子,青绿色台灯,红色果实,灰白的高墙,高墙边的红砖,苔藓长出的绿色眼眸,青绿的树,鹅黄的飞蛾翅膀,银鱼白的铁盒,昏黄的云,黄铜雕像,紫灰的墓园树木,金苹果,孔雀蓝色的你的眼,大漠艳阳,黄沙漫天,绿树亭亭如盖,白象,黑白照片,满地的青花碎,火车橡树般的棕,灰色房间,绸缎锦绣,紫藤萝,面目焦黑,青苹果,鼠灰色的大地,婆娑的青绿,空无的花青,鲜血洇湿报纸的殷红,飞蛾点燃墓园的金黄,钟楼塔顶刺绣的藤萝,最后再回到"你一生追寻的色彩"。

一共有多少种色彩？简直令人眼花缭乱。小作者似乎将闻一多先生所主张的"绘画的美"中的色彩美发挥到了极致！

再看整首诗的节奏：既有远距离的回环，也有近距离的勾连。

先看远距离的回环：首先题目就是"你一生的色彩"，然后便开始了你一路追寻色彩的历程，而我追寻你。最终你站在云端，似乎追寻到了色彩——"你一生追寻的色彩"。追寻色彩从头到尾贯穿始终，形成了一个整体的大回环。

再看近距离的勾连：节与节之间也有一些小回环。比如诗的开头："我看见……看见……我也看见……"，间隔反复，"看见"形成了一个小循环。再比如："我仍记得你在车站……站台的尘灰……火车……火车上……我上车，离开车站……"，"火车"也是一个小回环。

就像前面纪弦的《你的名字》一样，也是不露声色地往复勾连。新诗的节奏和韵律就是这样，像一条细细的溪水，若有若无，静静地流淌在字里行间，似乎是不经意的，自然而灵动。

另外，钱骆盈同学的这首新诗通篇用第二人称"你"贯穿全诗，这一点似乎又与雪莱的《致云雀》有些神似。雪莱也通篇用"你"与云雀对话，彼此交心。那么，这首诗里的"你"又指的是谁呢？

小作者在诗的最后点明了："我敬畏那些逆着大风在沙漠或雪山中追寻理想的人，我更敬畏每一个在灰白色生活中追寻色彩的平凡人。他们有一个共同的名字叫作，艺术家。"

答案揭晓之后，我们恍然大悟：这些在最艰苦的条件下逆风追寻色彩的"你"，正是艺术家们，是追寻理想的艺术家们，是甘愿付出生命的艺术家们。当然，还有那些平凡人。在灰白色生活中追寻色彩的平凡人，难道不也是艺术家吗？用"你"来称呼他们，体现了小作者对他们发自内心的敬畏之情，但更多的或许还是一份亲近感和怜惜感。甚至我觉得，诗中的"我"不就是曾经的"你"吗，"你"不就是未来的"我"吗？你和我，是分不清的。

从语言维度上培养学生对于新诗语言的品鉴能力，在品鉴的基础上"积累"乃至"构建"和"运用",钱骆盈同学的这首新诗《你一生的色彩》可以称得上是一个范例。这首新诗,是第 21 届叶圣陶杯全国中学生新作文大赛的参赛作品,最终获得了上海赛区的一等奖,这对新诗创作者来说是一种莫大的鼓励。

(二) 存疑解惑之五

"小小访谈",关于创作新诗的"三问三答"

一问:为什么会想到写新诗?想表达什么?为什么用新诗的形式?

一答:该作品原本是为契合主题"艺术"而写的。联想到艺术带给我的感受,于是便采用了新诗这种相对灵活的形式进行写作,来表达某种追求在人与人之间交织、传递,并能随着时间的流逝在事物、色彩中永恒地存在。

二问:在酝酿及创造过程中有哪些困惑或挑战?

二答:一大挑战就是将脑中繁杂的意象较完整地串联起来,但在完成这项工作后,我对叙事方式的体会又更深刻了一些。

三问:是否满意?有哪些不足?

三答:总体较为满意。但在叙事的流畅性、整体的连贯性以及意象的编排等方面,仍有不足。

第二节　纵向沿袭"古风今韵"的语言美
——古诗文的学习与创作

  摘　要

一、古风:风味与风骨

(一)古诗的风味:《声声慢》其词

1. "声调"的研究和比较

2. "情思"的研究和比较

+·+

一、古风：风味与风骨

（一）古诗的风味：《声声慢》其词

1."声调"的研究和比较

《声声慢》亦称《胜胜慢》。此调最早见于"苏门四学士"之一的北宋晁补之所作。从题目看，此调应该比一般的慢曲更慢，所以叫"胜胜慢"，一慢"胜过"一慢。南宋的蒋捷曾用"胜胜慢"这个词牌名填词一首，词名叫《秋声》，因为写得太好了，从此"胜胜慢"便改为"声声慢"，并流传至今。蒋捷的这首《声声慢·秋声》，果真如传说中那么好吗？

声声慢·秋声

[南宋] 蒋　捷

黄花深巷，红叶低窗，凄凉一片秋声。豆雨声来，中间夹带风声。疏疏二十五点，丽谯门、不锁更声。故人远，向谁摇玉佩，檐底铃声。　　彩角声吹月堕，渐连营马动，四起笳声。闪烁邻灯，灯前尚有砧声。知他愁到晓，碎哝哝、多少蛩声。诉未了，把一半、分与雁声。

前有欧阳修的《秋声赋》，后有蒋捷的《秋声》，都极尽描写"秋声"之能事。

欧阳修的《秋声赋》里描摹了秋天的各种声音：有"淅沥以潇飒"，有"奔腾而砰湃"，有"铮铮铮铮，金铁皆鸣"，有"衔枚疾走，不闻号令，但闻人马之行声"……

蒋捷的《秋声》则有"豆雨声"，中间夹带"风声"，"更鼓声"，"摇玉佩"之声，"檐底铃声"，"彩角声"，"马动"声，四起的"笳声"，灯前的"砧声"，多少"蛩声",还有最后的"倾诉声"和"雁声"。几乎每一句都有秋声,而且各不相同,极尽描写之能事,确实令人感佩!

"声声慢"中的"慢",有延长引申的意思,歌声延长,唱声迟缓。毛先舒《填词名解》卷三这样解释:"词以'慢'名者,慢曲也。拖音袅袅,不欲辄尽。"

所以在读《声声慢》的时候,应该将每一秋声都缓缓读出或者唱出,并有拖长音,达到余音袅袅的效果。

再看李清照的《声声慢》①,又是一番怎样的况味呢?

寻寻觅觅,冷冷清清,凄凄惨惨戚戚。乍暖还寒时候,最难将息。三杯两盏淡酒,怎敌他、晚来风急!雁过也,正伤心,却是旧时相识。 满地黄花堆积,憔悴损,如今有谁堪摘?守着窗儿,独自怎生得黑!梧桐更兼细雨,到黄昏、点点滴滴。这次第,怎一个愁字了得!

词中的"秋声"有:"晚来风急"的"风声";"雁过"的"飞声";"梧桐更兼细雨"的"雨声",而且是"点点滴滴"的雨声,伴随词人直到天明。读的时候,不仅声调需要放缓,而且还应该读出一种发自内心的"悲声"。

三首词中的"秋声"各不相同:欧阳修的《秋声赋》,通过"秋声"传达出哲理之思。蒋捷的《声声慢·秋声》,是寻常生活中和边塞地区所特有的各种秋声,"秋声"中有各种"苦闷心声"。李清照的《声声慢》,则是家破人亡之后女词人孤独凄凉却又"欲说还休"的"压抑之声""绝望之声"。读的时候,不仅要放缓声调,也要压低声调,理解这是词人的喃喃自语,似乎怕被人听见,但其实根本无人理会。

除此以外,李清照的《声声慢》还有一个特点是其所独有的,那就是叠词的运用。

上阕第一句的"寻寻觅觅,冷冷清清,凄凄惨惨戚戚",以及下阕倒数第二句的"到黄昏、点点滴滴",短短一首词里有九个叠词,尤其是开头第一句,连

---

① 李清照:《声声慢》,教育部组织编写:《普通高中教科书 语文 必修 上册》,人民教育出版社,2019,第67页。

续七个叠词,可谓空前绝后。

最后,再看"乍暖还寒"中"还"字的读音问题。

教材必修上册对"乍暖还寒"的释义是"忽暖忽冷,天气变化无常";对"还"字的注音是 huán,笔者对此存疑。

先看"还"的三种读音及其对应的义项。

《古代汉语词典》(第 2 版)中,"还"有三种读音,分别是：hái、huán、xuán。

hái 是现代读音(古音读作 huán),意思是：仍然、依然、还是。

读音 xuán 对应的意思是：迅速、立即,兼有马上和旋回之意。

"还"的本义其实是"归"和"复"。《说文·辵部》："还,复也。"《广雅·释诂二》："还,归也。"比如《左传·宣公六年》"楚人伐郑,取成而还"中的"还"字,解释为"返回",念作 huán,是"还"字的本义。

而"仍旧"的意思,是后起之义,表示现象继续存在或动作继续进行。比如陶潜的《读山海经》"既耕亦已种,时还读我书",这里的"还"字应该念作 hái,表示"仍旧、仍然"之意,不过旧读 huán。

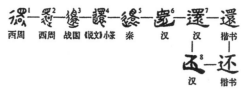

還(还) huán 匣纽、元部；匣纽、删韵、户关切。
　　　　xuán 邪纽、元部；邪纽、仙韵、似宣切。
　　　　hái

1、2《金文编》98页。3《楚系简帛》142页。
4《说文》40页。5《睡甲》20页。6、7、8《甲金篆》108页。

从以上流程图可见："还"字始见于西周金文,也就是图中第 1 和第 2 的写法。第 1 的写法左边是一个"彳",表示与行动有关；右边是表示读音的"罭",念作 huán。第 2 的金文写法中,字的下部增加了"止","止"是脚的意思,也是与行动有关的意符。"彳"和"止"加在一起,合成"辵"字。在隶书和楷书中,

"辵"连笔简写为"辶"。

可见,"还"字的本义确实与行走有关,本指返回,即"往而复回",念作 huán。教材既然对"还"字注音为 huán,那么它的本义就应该是"返回"。按照本义来理解,"乍暖还寒"的意思就是:"天气突然变暖了,但是又返回寒冷了。"当然,如果按照后起之义,即"仍旧、仍然",读音应该念作 hái,古音应该还是念作 huán。"乍暖还寒"的意思就是:"天气突然变暖了,但是仍然还是寒冷的。"这个解释其实也能讲得通。

以上两种情况——念作 hái 或是 huán,解释为"返回"或者"仍旧",应该都可以。

但是,唯独教材的释义与读音不匹配,既然"乍暖还寒"解释为"忽暖忽冷",即这个"还"字解释为"忽然",那么它的读音就不应念作 huán,也不能念作 hái,只能念作 xuán,对应的意思是:迅速、立即,兼有马上和旋回之意。

《吕氏春秋·爱士》"食骏马之肉而不还饮酒,余恐其伤女也"中的"还",以及《汉书·董仲舒传》"此皆可以还至而(立)有效者也"中的"还",都解释为"迅速、立即",都念作 xuán。

由此可见,以下两种搭配似乎更加合理。

第一种:"还"字念作 huán 或者 hái,意思是"仍旧"或者"返回"。"乍暖还寒"解释为:"(天气)突然变暖了,但仍然还是冷的或者又返回寒冷了。"

第二种:"还"字念作 xuán,意思是"迅速、立即"。"乍暖还寒"则仍然按照教材的释义:"忽暖忽冷,天气变化无常。"

当然,如果一定要对以上两种释义更精细地加以辨别,哪一种略胜一筹呢?笔者以为是第一种。原因是:词作上阕有"雁过也,正伤心"(黄花堆积)应秋天。农历九至十月,也就是深秋至初冬的时候,天气还是比较冷的,秋冬交接,天气也是多变的。忽冷忽热,或者乍暖还冷,都符合季节特点,两者主要还是语意和情感上的区别。

"忽冷忽热",冷热变化强调的是一个"忽然",变化之快。

"(天气)突然变暖了,但仍旧还是冷的或者又返回寒冷了",强调的则是后者"冷"，以冷为基调。

李清照的《声声慢》整个上阕的基调就是一个字：冷。无论是天气的冷，还是心里的冷，总之奇冷无比。

显然第一种搭配更符合当时的情景和心境："还"字念作 huán 或者 hái，意思是"仍旧"或者"返回"。"乍暖还寒"解释为："（天气）突然变暖了，但仍然还是冷的或者又返回寒冷了。"而第二种搭配强调的则是"忽冷忽热"，凸显的只是冷热变化之快，没有凸显一个"冷"字。

而"冷"字，恰恰是《声声慢》整首词最重要的基调。甚至，如果我们读完之后，没有感觉到一个彻头彻尾的"冷"字，都不算真正读懂了这首词。

或许有人会觉得，对于"还"字的读音问题，笔者是不是有些小题大做了？其实，语言无小事，无论是字意还是读音，适当的时候，还是需要用"放大镜"放大来看。读音问题，其实也是学术问题。探讨这类问题，既能培养学生对汉字发音的敏感度，也能培养他们遇到问题深究不已的钻研精神。这也是大事。

2."情思"的研究和比较

先看欧阳修的《秋声赋》，表达了哪些情思呢？

《秋声赋》是北宋文学家欧阳修的辞赋作品，是其晚年所作。彼时，欧阳修已是五十三岁的老人了，虽然身居高位，但是经历了宦海沉浮和几次政治变动，心情可想而知。

庆历五年（1045 年），范仲淹、杜衍、韩琦、富弼等人相继被罢官或被外放，"庆历新政"宣告失败。欧阳修"自劾乞罢"，以期能够与他们"同其退"，并且写了《论杜衍范仲淹等罢政事状》，为范仲淹等人申诉。但欧阳修反被造谣、诬陷，救人不成，自己也被外放滁州。

于是，他以"悲秋"为主题，借以抒发自己的人生苦闷和仕途失意。所以，"秋声"不过是开头的引子，作者借"草木无情，有时飘零"的特点，阐发"奈何以非金石之质，欲与草木而争荣？"的可笑和悲哀。"其力之所不及，忧其智之所不能"，所以只能"渥然丹者为槁木，黟然黑者为星星"了。话虽如此，心中仍然十分不甘，也万分感伤，"百忧感其心，万事劳其形。有动于中，必摇其精"。可以说,欧阳修的悲伤是"大悲伤",是眼看着北宋朝廷日渐积贫积弱,想要改革却无望,想要救人却无果,只能借助"秋声"一抒心中的郁闷。人生不易,国事堪忧!

再看蒋捷的《声声慢·秋声》,又抒发了怎样的情思呢?

蒋捷的这首词可能受到了两百多年前欧阳修《秋声赋》的启发,不过又不尽相同。欧阳修的《秋声赋》其实并没有具体地描写太多"秋声",更多的是一种整体的感觉,而且也"志不在此","秋声"只是一个引子。蒋捷的《声声慢·秋声》却是极尽所能地描写了各种不同的"秋声",有十二种之多,而且大多源于日常生活,当然也有一些是来自遥想的边塞军营。这些"秋声"表达了词人孤凄难眠的愁闷,也表达了对远方故人的思念,其中也有感伤兵灾、悯惜农家辛苦等比较复杂的情思。各种"秋声"连绵起伏,汇成了一首"秋声"的交响曲,让人揪心,让人宽慰,让人感伤,让人心碎,让人悯惜,也让人共鸣。

最后看李清照的《声声慢》,又蕴藏了哪些情感呢?

上阕第一句:寻寻觅觅,冷冷清清,凄凄惨惨戚戚。

一连七个叠词的背后有哪些情感? 希望—失望—绝望。

我们疑惑的是:李清照到底在"寻寻觅觅"什么?"靖康之变"前似乎拥有一切:婚前是幸福的少女,婚后有美满的婚姻,自身又才貌双全;之后又似乎失去了一切。发生了什么?

李清照晚年填写这首词时的境况:

43岁:靖康二年(1127年),徽宗、钦宗二帝被俘,北宋灭亡。

　　　青州老家,十余屋的书册被焚毁。

45岁:建炎三年(1129年)八月,赵明诚因病去世。

　　　独自一人携带剩余文物追随南宋朝廷流亡,收藏殆尽。

48岁:绍兴二年(1132年),迫于生计与保护文物,再嫁张汝舟,却遇人不淑,离异入狱,经人相助后获释。

李清照一生的经历,概括起来是:北宋已亡→无家可归→丈夫去世→收藏殆尽→遇人不淑→无儿无女→老病缠身→寄人篱下。

可以说，词人将所有悲苦都凝聚、浓缩在第一句里。

所以，李清照在寻找什么？找亲人？找家园？找故国？找回爱情、亲情、青春、快乐？都有可能。只是，还能找到吗？

第二句：乍暖还寒时候，最难将息。

寻觅无果，也想休息，但是偏又"最难将息"。词人将原因归于"乍暖还寒"的天气，是自欺欺人的自我安慰吗？

第三句：三杯两盏淡酒，怎敌他、晚来风急！

三杯两盏淡酒只是借口，让人觉得敌不过晚来风急是因为酒淡、酒少，其实真正的原因是心中的苦太多、太深。

有一个争议点，其中有一个字有不同版本。（晚——晓）晚来风急，晓来风急，哪一个版本更好？有说"晚来风急"好。集中写傍晚，与下阕"独自怎生得黑""到黄昏、点点滴滴"在时间上保持一致。有说"晓来风急"好。时间跨度更大，从早上一直到天黑。时间无形中被打开，日日夜夜，无止无息，无穷无尽。无论是哪种，都体现了词人内心的挣扎、矛盾。

第四句：雁过也，正伤心，却是旧时相识。

什么叫"却是旧时相识"？两种含义：一是"相似"。雁南飞——人南渡，只是相似，而不相同：雁可以北飞，人却难回。二是"相识"。这只大雁似乎曾为夫妻传信，可惜现在"雁在人亡"！

纵观词的上阕，你会发现：词人一直在矛盾中挣扎。

第一句：想要寻找亲人，结果什么都没有找到；

第二句：天气多变，很想休息，但是最难将息；

第三句：最难将息，所以想要借酒消愁，可是敌不过晚来风急；

第四句：正在伤心难耐中，恰好大雁飞过，以为可以暂时摆脱烦恼，不料却更加伤心。

悲伤有时真像一张网，无边无际，无止无尽！

整个上阕就这样弥漫着无边无际的悲伤。那么，下阕的情况会不会好一些呢？

下阕第一句：满地黄花堆积，憔悴损，如今有谁堪摘？

如果说"雁过也"是仰视，那"满地黄花"则是俯视。抬头是伤心，那低头呢？看到了什么？"满地黄花"。想到了什么？想到了自己就像黄花，甚至不如黄花！（参见李清照《醉花阴》："莫道不销魂，帘卷西风，人比黄花瘦。"）

还想到什么？想到去世的丈夫。"如今有谁堪摘？"，再也没有可以一起摘花、一同赏花的人了。其中"憔悴损"的"损"字有点难度，怎么解释？《古代汉语词典》（第2版）对"损"字的释义有六条，其中义项⑥为"煞，极"。笔者认为作此义项解比较好，因为更突出词人容颜枯槁。

第二句：守着窗儿，独自怎生得黑！

对于此时的李清照来说，所有的一切都是没有意义的。那么，还能做什么呢？只能守着窗儿。什么叫"守着窗儿"？为什么"守着窗儿"不愿离开？因为窗或许是最后的光明和希望。守在窗边，似乎还能等到晚归的亲人。但结果呢？亲人没有等到，也永远等不到了，天却在不知不觉中黑了。一天中最难熬的时候还是来了！

但其实比天黑更可怕的还在后面，是什么呢？

第三句：梧桐更兼细雨，到黄昏、点点滴滴。

天冷了，天黑了，现在又下雨了。为什么下雨了更让人难以忍受？

"细雨"就像眼泪，时间流逝，但悲伤和眼泪永不停息。刚失去亲人时或许像暴雨；很多年过去了，晚年时的心境或许更像这细雨——阴冷、凄凉、没完没了，而且还是"梧桐更兼细雨"的声音。梧桐长什么样？如果再配上一段细雨的声音，听了会是什么感觉？李清照是怎么概括的？那就是第四句："这次第，怎一个愁字了得！"

这是词人无声的呐喊，所有这些复杂的情愫，都无法用一个"愁"字来概括。"愁"是什么？是以"心"为"底"的"秋"，这个秋深深地藏在词人心底，无处可逃，无处不在，无法言说，也无人可说！

(二) 文人的风骨：李清照其人

词作中"梧桐更兼细雨"之所以让人无法忍受，其实还有一层特殊的原因。

对于"梧桐"这个意象，需要放大来看。

1. 爱情的象征

古代传说，梧是雄树，桐是雌树，梧桐同长同老，同生同死。《古诗为焦仲卿妻作》："东西植松柏，左右种梧桐。枝枝相覆盖，叶叶相交通。"松柏、梧桐枝叶彼此覆盖，象征刘兰芝和焦仲卿对爱情的忠贞不渝。象征爱情的梧桐，饱受风吹雨打的折磨。

2. 高洁的象征

《庄子·秋水》中说："夫鹓鶵发于南海，而飞于北海，非梧桐不止。"鹓鶵是古书上说的凤凰一类的鸟。它生在南海，而要飞到北海，只有梧桐才是它的栖身之处。因为梧桐是高洁的象征。

晚年的李清照，遭受了两次"致命打击"：一个是再婚生活的打击，另一个是人格上的打击。梁衡的《乱世中的美神》一文，详细描述了李清照悲惨的一生。

首先是再婚生活的打击。李清照遇人不淑，再婚的丈夫对其欺骗不成，遂对她施以虐待。最后，柔弱的女词人不顾世人的偏见，将再婚丈夫告发并且要求解除婚姻，而她自己要承受牢狱之灾。即便如此，李清照仍无怨无悔。

其次是人格上的打击——"玉瓶颁金"。李清照在《金石录后序》中记录了这件事：

先侯疾亟时，有张飞卿学士，携玉壶过视侯，便携去，其实珉也。不知何人传道，遂妄言有"颁金"之语；或传亦有密论列者。余大惶怖，不敢言，亦不敢遂已，尽将家中所有铜器等物，欲赴外廷投进。

赵明诚病重的时候，张飞卿学士来访，带了个玉壶请他们夫妇鉴别，看完就带走了，其实不是玉壶，是珉石，一种像玉的石头。赵明诚病逝之后，不知道是谁散布消息，造谣赵明诚、张飞卿二人曾经商量着要把玉壶作为礼物送给金国，谣传他们有通敌嫌疑。李清照听闻之后，十分害怕，不敢多言，也不敢就这样罢了，于是将家里全部的金石铜器进献朝廷以证清白。

这就是"玉壶颁金"的始末。

雨打梧桐，对于品性高洁有如兰花、梧桐的李清照来说，这简直是奇耻大辱，是又一个致命的打击！梧桐，原本是美好爱情和高洁品性的象征，可惜对于李清照来说，此时"梧桐更兼细雨"的场景，是不是暗示了这双重的打击呢？原本恩爱的丈夫死了，再嫁的丈夫又是个十足的骗子；清白如斯的她更是接着被诬陷叛国。这一桩桩、一件件，让人怎么承受得了？树犹如此，人何以堪?！

此时，我们再重读"这次第，怎一个愁字了得！"，或许能够更加深切地体会到其中难以言说的大悲大恸了。

即便如此，李清照始终没有屈服。前面的再婚打击，她以一介女子的柔弱身躯选择了拼死反抗；后面的人格打击，她选择了义无反顾地将所有藏品一并进献朝廷。柔弱之身，却有着铮铮铁骨，这就是文人的风骨。

二、今韵：传承与创作

学生原创诗词作品示例：

咏辛幼安

虞 玥

稼穑轩中常憾苦，豪杰热血一朝枯。

征伐壮志兵戈铸，议论狂词纸墨书。

纵赞诗文堪李杜，应羞塞上弱王卢。

天公赐命何盲目，尽使良人遇不淑。

这首七律的作者是上外附中 2026 届学生虞玥。所咏叹的对象，正是历史上有"词中之龙"之称的辛弃疾。他是将领，是文学家，是豪放派词人。他的词可以说不是用笔写成，而是用刀和剑刻成的。

虞玥同学抓住了辛弃疾的这一特点，首联起笔便将辛弃疾既是"词人"又是"沙场豪杰"的特点结合在了一起，然后用"苦"和"枯"两字点明其悲剧的结果。

颔联和颈联都符合律诗对仗的要求。

先看颔联。"征伐"对"议论"、"壮志"对"狂词"、"兵戈铸"对"纸墨书"，对得比较工整，无论是平仄还是词性和语意，都符合对仗的基本要求。此句呼应了首联的意思，但不同的是，首联突出一个"悲"字，颔联则突出一个"志"字。尤其喜欢颔联中的"狂词"。自古文人多疏狂，作为豪放派的辛弃疾，与被称为"诗狂"的贺知章不同。贺知章是秉性放达，自号"四明狂客"；辛弃疾是文也疏狂，武也痴狂，正如梁衡在《把栏杆拍遍》的第一段里所写的那样："中国历史上由行伍出身，以武起事，而最终以文为业，成为大诗词作家的只有一人，这就是辛弃疾。"

再看颈联。"李杜"是李白和杜甫，一位是诗仙，一位是诗圣；"王卢"应指王昌龄和卢纶，两位都是著名的边塞诗人。"纵赞"一词可能是"纵使，即使"的意思；"应羞"可能是"应该感到害羞"的意思。两句合在一起，意思应该是：纵使人们都赞美辛弃疾的诗文堪比李白和杜甫的，但是他可能会感到羞愧的是，自己的边塞诗成就仍然还是弱于王昌龄和卢纶。

再看尾联。将辛弃疾的悲剧命运归于"天公"的"盲目"，偏偏让辛弃疾"遇人不淑"，采用了"曲笔"的写作手法，意在言外。根本原因是什么？不言而喻。

最后谈一点美中不足：个别词语有些生涩，比如开头的"常憾苦"一词有些艰涩不通。还有最后的"盲目"一词，有点现代文的味道，稍显突兀。另外，"纵赞"两句，语意有点令人费解，是真的在批评辛弃疾的边塞诗写得不如王昌龄和卢纶吗？如果是的，那还真的未必。如果不是，那么言外之意是在暗示辛弃疾的"沙场失意"吗？总之，稍微有点别扭和含糊。

作为一名当代高中生，虞玥同学能够勇于尝试原创格律诗，而且所作之诗对仗工整，词通意顺，有一定文采，且寓意深刻，虽略有瑕疵，但已实属不易，令人深感欣喜！

念 奴 娇

徐镜涵

凄清庭院,更晓风残月,深闺闲坐。萧萧梧桐冬将至,并禽征鸿尽过。诗成险韵,赏花弄柳,强乐人霍霍。夜已三更,风竹独敲秋韵。　　金风日渐凄紧,帘垂四壁,徘徊独默默。恨薄情西去无音,空留我,香衾卧。羌管弄愁,惨月引恨,此情几时消?不如睡去,贪欢做客梦中。

临 江 仙

徐镜涵

梦后杨柳堆烟,酒醒杜鹃哀啼。雕鞍买花长安市。淹留行云处,独忍雨恨疾。　　愁风潇潇雨下,江水缓缓东离。胡琴琵琶引人怨。离恨春草生,心有乱千丝。

这两首词的作者是上外附中2026届学生徐镜涵。

我们之前学习了苏轼的《念奴娇·赤壁怀古》,徐镜涵同学可能受到了鼓舞,用词牌名《念奴娇》填词一首,而且一发不可收,又提笔填了一首《临江仙》。

先看《念奴娇》一词。课本中苏轼的《念奴娇·赤壁怀古》[1]属于格律"变体"的一种,苏轼的另一首词《念奴娇·中秋》属于正体。

正体的格律和对照例词:苏轼的《念奴娇·中秋》。

中平中仄,仄平中中仄,中平平仄。中仄中平平仄仄,中仄中平平仄。中仄平平,中平中仄,中仄平平仄。中平中仄,仄平平仄中仄。

凭高眺远,见长空万里,云无留迹。桂魄飞来光射处,冷浸一天秋碧。玉宇琼楼,乘鸾来去,人在清凉国。江山如画,望中烟树历历。

中仄中仄平平,中平中仄,中仄平平仄。中仄中平平仄仄,中仄中平平仄。中仄平平,中平中仄,中仄平平仄。中平平仄,仄平平仄平仄。

---

[1] 苏轼:《念奴娇·赤壁怀古》,教育部组织编写:《普通高中教科书　语文　必修　上册》,人民教育出版社,2019,第65页。

我醉拍手狂歌，举杯邀月，对影成三客。起舞徘徊风露下，今夕不知何夕。便欲乘风，翻然归去，何用骑鹏翼。水晶宫里，一声吹断横笛。

变体一的格律和对照例词：苏轼的《念奴娇·赤壁怀古》。

仄平平仄，仄平仄，平仄平平平仄。仄仄平平，平仄仄，平仄平平仄仄。仄仄平平，平平仄仄，中仄平平仄。平平平仄，仄中平仄平仄。

大江东去，浪淘尽，千古风流人物。故垒西边，人道是，三国周郎赤壁。乱石穿空，惊涛拍岸，卷起千堆雪。江山如画，一时多少豪杰。

中仄中仄平平，仄平平仄仄，平平仄仄。仄仄平平，平仄仄，中仄平平平仄。仄仄平平，中平中仄仄，仄平平仄。中平平仄，仄平平仄平仄。

遥想公瑾当年，小乔初嫁了，雄姿英发。羽扇纶巾，谈笑间，樯橹灰飞烟灭。故国神游，多情应笑我，早生华发。人生如梦，一尊还酹江月。

徐镜涵同学的这首《念奴娇》是按照正体的格律来填写的，所以和课本中《念奴娇·赤壁怀古》的格律不太一样。整首词基本符合平仄要求，只有个别字词不符合。不过这些问题都不大，就像《红楼梦》中林黛玉教香菱学诗时所说的那样："不过是起承转合，当中承转是两副对子，平声对仄声，虚的对实的，实的对虚的，若是果有了奇句，连平仄虚实不对都使得的。""词句究竟还是末事，第一立意要紧。若意趣真了，连词句不用修饰，自是好的，这叫做'不以词害意'。"

不过还是内容更重要，我们来看内容。

上阕主要写景。庭院深闺闲坐时所看到的初冬将至的自然之景，词人作诗、赏花直至深夜，只听见风吹竹梢的声音，有点孤寂，有些落寞，有视觉，也有听觉，颇有些意境。

下阕主要抒情。上阕孤寂、落寞的原因在下阕找到了，原来是"恨薄情西去无音"，只留下我一个人空守闺房。偏偏此时羌管声起，令人愁上加愁；偏偏此时残月又来添堵，愁上更是平添了一丝难解的恨意！恨到深处，无处化解，词人只能借梦消愁了。

这首词的作者是一名男生,但是描摹女性的心理和情态颇有些传神。九曲愁肠,一唱三叹,才下眉头,却上心头。

再看徐镜涵同学的第二首作品《临江仙》。

风格与第一首不尽相同。第一首是闺怨词,这一首则有点边塞诗的味道,但也不完全是。既有江南烟柳、杜鹃声啼,也有长安花市;既有江南秋雨、江水东流,也有胡琴琵琶。亦南亦北,柔美亦悲壮。

词牌名《临江仙》,原为唐代教坊名曲。又名《谢新恩》《庭院深深》等。双调五十八字或六十字,平韵。

徐镜涵同学的这首《临江仙》共五十八字,格律对照的例词是《临江仙·饮散离亭西去》。

饮散离亭西去,浮生长恨飘蓬。回头烟柳渐重重。淡云孤雁远,寒日暮天红。　　今夜画船何处,潮平淮月朦胧。酒醒人静奈愁浓。残灯孤枕梦,轻浪五更风。

上下阕的平仄分别是:

中仄中平平仄,中平中仄平平。中平中仄仄平平。中平平仄仄,中仄仄平平。

中仄中平平仄,中平中仄平平。中平中仄仄平平。中平平仄仄,中仄仄平平。

徐镜涵同学的这首《临江仙》,在平仄上也基本符合格律要求。

第三节　"信达雅化魂美"的翻译创作理论 及《老人与海》的跨学科 教学策略和实践

摘　要

一、"信达雅化魂美"的翻译创作理论简述及《老人与海》的跨学科教学的意义和策略

（一）"信达雅化魂美"的翻译创作理论简述

（二）《老人与海》的跨学科教学的意义和策略

二、《老人与海》的跨学科教学策略的实践"三部曲"

（一）精读中文译著的课文节选部分

1."知人论世"的文学批评和鉴赏方法，了解作品创作的背景和内容梗概

2."批文入情"的文学批评和鉴赏方法，从海明威的"冰山原则"切入以赏析语言魅力

3.中文译著的文学精读和赏析，感受精彩的译文

（二）对不同译本进行比较分析

1.比较评析不同译本的价值和意义

2.《老人与海》几种不同译本的比较研究

（三）尝试做一回小小"翻译家"的实践探索

1.教师提供英语原版的部分段落给学生进行实践翻译

2.学生翻译创作的实践探索

一、"信达雅化魂美"的翻译创作理论简述及《老人与海》的跨学科教学的意义和策略

（一）"信达雅化魂美"的翻译创作理论简述

中国近代启蒙思想家、翻译家严复在他的《天演论》中提出："译事三难：信、达、雅。求其信，已大难矣！顾信矣，不达，虽译，犹不译也，则达尚焉。"

"信"的意思是：译文要准确，不偏倚，不遗漏，也不要随意增减，要忠于原著。"达"的意思是：不拘泥于原文形式，译文要通顺明白，要通达。"雅"的意思是：译文选用的词语要得体，追求文章本身的古雅，要典雅，要优雅。在"信达雅"中，严复认为译文首先要做到的是"信"，而这一点恰是很难做到的。

"求其信,已大难矣",确实,忠于原著,内容准确,应该是翻译的第一要素。

严复的这一翻译理论对我国翻译界的影响是极其深远的,以至于后人只要提到翻译,往往就会想到"信达雅"三个字。如果想在此基础上再有所突破,很难,不过还是有人提出了一些独到的翻译见解。

比如钱锺书先生曾经提出,文学翻译的最高标准是"化境"。钱锺书先生这样论述:把作品从一国文字转变成另一国文字时,既能不因语文习惯的差异而露出生硬牵强的痕迹,又能完全保存原作的风味,这就算得入于"化境"之界了。笔者的理解是:这种翻译的"化境",可能类似于原作已经"投胎转世"了,躯壳换了,语言文字的表达方式换了,但是风韵犹存。躯壳虽然换了,但换得很和谐,既有前世的"形",也有今生的"貌",形貌结合,变成了一个更好的新生的人。

诗人余光中也曾经提出:"真有灵感的译文,像投胎重生的灵魂一般,令人觉得是一种'再创造'。"也就是翻译要有"魂",不能丢了魂。

两位的见解可谓异曲同工。一个是"化",一个是"魂",前者更强调外在,后者更强调内在,内外结合,才是一个更完美的人。"信达雅"强调的是翻译的语言技巧要准确、通顺、典雅,"化魂"则是一种"重生"或者说是"再创造"。

除此以外,曾经获得文学翻译领域国际最高奖项之一——"北极光"杰出文学翻译奖的翻译家许渊冲,还提出了文学翻译的"三美论"——意美、音美、形美,并且毕生追求美、创造美,认为"创造美是人生一乐"。在北大畅春园许渊冲先生的书房中,就悬挂着一幅墨宝:"译古今诗词,翻世界名著,创三美理论,饮彤霞晓露。"

笔者以为,"信达雅"更多强调的是语言的"建构"和"运用","化魂美"更多强调的是语言的"创造"和"审美"。"化魂美"是在"信达雅"基础上的飞跃提升,但是不能脱离"信达雅"。在指导学生翻译作品时,首先要努力做到"信达雅",在此基础上以求"化魂美"。

(二)《老人与海》的跨学科教学的意义和策略

为什么选择人教版高中语文教材选择性必修上册海明威的《老人与海》

(节选)作为案例,来进行教学探索和实践呢? 首先是因为它作为经典文学名著,英文原著的语言难度相对适中,有利于学生通读并且翻译;其次是因为教学大环境的发展趋势,以及学校和学生的自身优势,为跨学科教学提供了更多可能。

在全球化的今天,跨文化交流已经逐渐成为常态,语言文字作为文化交流的桥梁,其重要性不言而喻。中文和英文,作为世界上广泛使用的两种语言,承载了各自深厚的文化底蕴,是国际交流与合作的重要载体。跨文化交流可以让彼此了解不同的历史文化,为传统文化注入新鲜活力,拓宽视野,丰富情感,启迪思想,提升认知,通达事理。

所谓跨学科教学,是在新课程的背景下,与传统的、相对单一的学科教学相比,更为综合的一种教学模式。它打破了传统学科的壁垒,旨在通过跨学科的学习和实践,提高学生学习的兴趣和动力,提升学生的综合学习和创新能力,综合培养学生的语文学科核心素养。同时也可以提升教师自身的文化素养和研究能力,丰富教学方法,提高教学质量,优化学科教材的内容,推进综合知识的建构。作为上外附中的学生,外语是他们的专长,尤其是英语,这也为跨学科教学的实践创造了更大的可能性。

中英文跨学科教学策略大致分为三步:第一步,精读中文译著的课文节选部分;第二步,对不同译本进行比较分析;第三步,尝试做一回小小"翻译家"的实践探索。在这"三部曲"中,学生身临其境地切身感受中英文的魅力,通过阅读积累和翻译创作,构建和提升中英文"双语"的综合运用能力。

二、《老人与海》的跨学科教学策略的实践"三部曲"

(一) 精读中文译著的课文节选部分

1. "知人论世"的文学批评和鉴赏方法,了解作品创作的背景和内容梗概

海明威,美国作家、记者,被认为是 20 世纪最著名的小说家之一。一生荣获很多奖项。在第一次世界大战期间被授予银制勇敢勋章。1953 年,他以《老人与海》一书获得普利策奖。1954 年,《老人与海》又为他夺得了诺贝尔文

学奖。2001 年,海明威的《太阳照常升起》与《永别了,武器》两部作品被美国现代图书馆列入"20 世纪中的 100 部最佳英文小说"。海明威一向以文坛硬汉著称,是美利坚民族的精神丰碑。其作品的文体以简练著称。

《老人与海》是海明威于 1951 年在古巴写的一篇中篇小说,根据真人真事创作,于 1952 年出版。第一次世界大战结束后,海明威移居古巴,认识了老渔夫雷戈里奥·富恩特斯。1936 年,富恩特斯出海很远捕到了一条大鱼,但由于这条鱼太大,他在海上拖了很长时间,结果在归程中被鲨鱼袭击,回来时鱼只剩下了一副骨架。海明威据此创作了《老人与海》。作品讲述了一位年老的古巴渔夫与一条巨大的马林鱼在离岸很远的湾流中搏斗的故事。尽管这位老渔夫是一个悲剧性的人物,最后大马林鱼被鲨鱼轮番袭击后只剩下了一副鱼骨,但老渔夫身上所展现的"超人"的品质,以及沉着冷静地面对失败和死亡的精神,打动了无数读者。

刘勰在《文心雕龙》里写道:"夫缀文者情动而辞发,观文者批文以入情,沿波讨源,虽幽必显。"海明威"情动而辞发",学生在阅读、比较和翻译过程中,也要"批文以入情",才能"沿波讨源",才能读懂作品中"隐幽"的内涵,寻找到小说创作的"源头"。

2."批文入情"的文学批评和鉴赏方法,从海明威的"冰山原则"切入以赏析语言魅力

海明威在他的纪实性作品《午后之死》中,第一次把文学创作比作漂浮在大洋上的冰山,提出了文学创作的"冰山原则"。他说:"冰山运动之雄伟壮观,是因为它只有八分之一在水面上。"他自己在《午后之死》中这样解释:如果一位散文家对于自己想写的东西心里很有数,那么他可能省略自己所知道的东西;读者呢,只要作者写得真实,会强烈地感觉到他所省略的地方,好像作者写出来了似的。

教师在教学过程中,要引导学生成为一位优秀的读者,能够强烈地感觉甚至自觉地补足作品中省略的地方,将文学语言的可感性和可思性巧妙地结合起来,发掘作品深藏的内涵。可以这样说,文字和形象就是上述的"八分之

一"，情感和思想就是"八分之七"。文字塑造了形象，形象包含了情感，而情感中又蕴含了思想，所以语言文字是文学作品赏析的第一步，也是关键的一步。

海明威作品的语言风格一向以简洁、精练、直接、生动著称，他善用短句、短语和简单的词语来表达复杂的情感和思想。他的小说往往没有华丽的辞藻和修辞，却充满了张力。这或许同他十八岁时在美国举足轻重的《堪城星报》当了六个月的实习记者的经历有关，这家报社要求新闻报道必须简洁明快，这对海明威以后小说文风的形成影响很深。简洁明快，又充满隐喻和象征，似浅实深。

3. 中文译著的文学精读和赏析，感受精彩的译文

以教材节选的几段文字为例[①]：

两条鲨鱼一齐紧逼而来，他一看见离他最近的一条张开嘴，咬住了大鱼银色的体侧，就高高举起棍子，重重地落下去，打在鲨鱼宽阔的脑袋顶上。棍子敲上去的时候，他觉得像是打在坚韧的橡胶上，但他也感到了坚硬的骨头。趁鲨鱼从大鱼身上朝下溜的时候，他又狠狠地打在鲨鱼的鼻尖上。

另一条鲨鱼不断游进游出，这时候又张大嘴逼了上来。鲨鱼猛撞在大鱼身上，咬紧了嘴巴，老人可以看见一块块白花花的鱼肉从它的嘴角漏出来。他抢起棍子打过去，但只敲在头上，鲨鱼看看他，把咬在嘴里的肉撕扯下来。趁它溜走把肉吞下去的当儿，老人再一次抢起棍子朝它打去，却只打在橡胶一般厚实坚韧的地方。

"来吧，加拉诺鲨，"老人说，"再来吧。"

鲨鱼冲了上来，老人趁它合上嘴的时候给了它一下子。他把棍子举得高得不能再高了，结结实实地打在鲨鱼身上。这回他感觉打中了脑袋根部的骨头，接着又朝同一部位打了一下，鲨鱼有气无力地撕下嘴里叼的鱼肉，从大鱼

---

① 海明威：《老人与海》，教育部组织编写：《普通高中教科书　语文　选择性必修　上册》，人民教育出版社，2019，第79页。

身上出溜下去。

老人提防着它再游回来，可是两条鲨鱼都没再露面。随后他发现其中一条在海面上兜圈子，却没看见另一条鲨鱼的鳍。

我不能指望干掉它们了，他想。年轻力壮的时候倒是能办到。不过，我把它们俩都伤得不轻，没有一条身上好受。要是我用两只手抢起一根棒球棒，准能把第一条鲨鱼打死。就是现在也能行，他想。

他不想再看那条鱼。知道有一半都给毁了。就在他跟鲨鱼搏斗的时候，太阳已经落下去了。

几段文字几乎没有长句，句子都短促有力。

比如倒数第二段一共五句话，每一句都简短明了，节奏紧凑，没有华丽的辞藻和复杂的句式，朴实自然的叙述方式，让读者深切地感受到老渔夫强烈的挫败感和无力感。

第①句："我不能指望干掉它们了，他想。"对于一个"可以被毁灭，但不能被打败"的"斗士"来说，再也没有比承认自己不能"干掉它们"更加可悲的事情了。

第②句："年轻力壮的时候倒是能办到。"老人骨子里的不服输让他只能自欺欺人，不过其实也不完全是自欺欺人，年轻时的老人确实能够办到。英雄迟暮，却偏要提当年勇，岂不是倍加感伤？这句似乎有些炫耀的话，出现在此时被鲨鱼"打败"的老人嘴里，反而更加苦涩。

第③句："不过，我把它们俩都伤得不轻，没有一条身上好受。"前面一句想要自我安慰，却因为当年的英勇不再而徒增感伤，所以这句又紧接着继续寻找安慰，从鲨鱼身上寻找安慰。鲨鱼虽然没有被彻底干掉，但它们毕竟受伤了，而且应该伤得不轻，甚至"没有一条身上好受"。不知道海明威有没有读过庄子的"濠梁之辩"，此时的老人似乎有了庄子般的丰富想象力和"特异本领"，竟然能够感受到鲨鱼的痛苦。如果此时惠子也在身边，他可能会嘲笑老渔夫："你又不是鱼，怎么会知道鱼的痛苦？"

第④句和第⑤句："要是我用两只手抢起一根棒球棒，准能把第一条鲨鱼打死。就是现在也能行，他想。"这显然是自欺欺人。如果前面老人说自己年轻时一定能够把鲨鱼干掉还算是实情，那么这时假想现在也能用棒球棒将其中一条鲨鱼打死就是无中生有、自欺欺人了。而且还是"两只手抢起"，一只手估计不行；说"就是现在也能行"，而不是"一定也行"；而且还只是"第一条鲨鱼"，那么第二条肯定不行！从这两句内心独白可见老渔夫此时是多么地不自信啊！

海明威提出的"冰山原则"是什么？这就是。文字和形象是浮出水面的"八分之一"，情感和思想就是隐藏于水底的"八分之七"。教师就是要在教学过程中引导学生成为一位优秀的读者，能够透过语言文字，读出文字背后许多"无声的语言"，并且自觉地补足作品中被省略的地方。只有这样，才能更深切地感受到人物的内心世界，读懂人物，读懂作品，也读懂作者。

当然，除此以外，以上几段文字还有许多细节值得品味，几处比喻和拟人修辞手法的运用也非常成功。

两次将鲨鱼比喻为"坚韧的橡胶"："他觉得像是打在坚韧的橡胶上"和"却只打在橡胶一般厚实坚韧的地方"。既可见鲨鱼的难对付，也可见老人此时的筋疲力尽，力气已经大不如前。

拟人手法："他抢起棍子打过去，但只敲在头上，鲨鱼看看他，把咬在嘴里的肉撕扯下来。"鲨鱼只是"看看他"，海明威虽然没有在这里具体描写鲨鱼的眼神，但是我们可以想象：是轻蔑的眼神吗？是嘲讽的眼神吗？甚至会不会是同情的眼神呢？老人已经用足了力气，但也只是敲在鲨鱼的头上，根本没有杀伤力，甚至都不影响鲨鱼把咬在嘴里的肉撕扯下来后再离开。

还有一处细节，让人读了以后感到十分心疼："他把棍子举得高得不能再高了，结结实实地打在鲨鱼身上。"这位老人是何其孤独啊！身边没有任何人可以帮助他，就连唯一的那个曾经陪伴他的男孩也被父母强迫着离开了他。这位老人又是何其拼命啊！手边只剩下一根棍子了，即便如此，他也要将它举到最高，作最后的拼搏。当然，最后只能是失败，但倒下的英雄也永远是英雄。

(二) 对不同译本进行比较分析

1. 比较评析不同译本的价值和意义

一部外国名著,可能有很多不同译本,每种译本都倾注了译者大量的心血。外国文学经典的生成和传播,离不开译者的努力和贡献,是他们的付出,读者才得以共享文学经典。翻译,其实也是一种创作,外国文学和本民族文学在翻译的过程中融合发展,一部世界文学史在一定意义上来说,也是一部翻译文学史和文化交流史。

在此,我们试着对《老人与海》几种不同译本进行比较和分析,希望能够对各种译本的优缺点有一个更全面的了解,更希望能对《老人与海》的原著有一个更加深入的解读。

2.《老人与海》几种不同译本的比较研究①

《老人与海》原著第一段的三种不同译本,分别是余光中、吴劳和张爱玲的译本。

先看第一段的第一句话:

He was an old man who fished alone in a skiff in the Gulf Stream and he had gone eighty-four days now without taking a fish.

海明威原著的语言风格非常鲜明:简洁明快,句子短小精悍,用词准确利落,没有过多的修饰和华美的辞藻。

译文一(余光中的译文):

那老人独驾轻舟,在墨西哥湾暖流里捕鱼,如今出海已有八十四天,仍是一鱼不获。

译文二(吴劳的译文):

他是个独自在湾流中一条平底小帆船上钓鱼的老人,这一回已去了八十

---

① 《老人与海》几种不同的译本分别为:余光中,译林出版社 2012 年版;吴劳,上海译文出版社 2009 年版;张爱玲,北京十月文艺出版社 2015 年版;李育超,北京人民文学出版社 2012 年版。

四天，没逮上一条鱼。

译文三（张爱玲的译文）：

他是一个老头子，一个人划着一只小船在墨西哥湾大海流打鱼，而他已经有八十四天没有捕到一条鱼了。

对以上三种译本的比较评析如下：

余光中先生的译文充满诗情画意，就像余光中先生的诗人身份那样，译文也像一首诗。"独驾轻舟""一鱼不获"，四字词组，整饬优美，颇有古典气息。但似乎也带来了一些疑问：余光中笔下的这位古巴老人到底是谁？是渔夫还是文人？"独驾轻舟"一词让我们联想到了大文豪苏东坡，他在《赤壁赋》中"与客泛舟游于赤壁之下"，"纵一苇之所如，凌万顷之茫然"，苏东坡这才是独驾轻舟吧，悠游自在，甚至飘飘欲仙。要知道，老渔夫圣地亚哥是出海捕鱼去的，而且是在已经连续八十四天没有捕到一条鱼的情况下独自一人出海的。风烛残年的老人没有任何人的陪伴，又那么长时间没有捕到鱼，心情可想而知，"轻舟"一词显得有些轻飘飘了。

海明威原著中的"skiff"，是小艇、小船、小型帆船的意思，虽然"轻舟"也是小船，意思没有问题，但是语言风格与人物背景不太吻合。

和余光中先生的译文相比，吴劳先生的译文更忠实原著。他将"skiff"直接译为"平底小帆船"，质朴自然，更符合老渔夫的身份。而且英文原著中的这句话是一句定语从句的复合句："He was an old man who fished alone in a skiff in the Gulf Stream"，吴劳先生译为"他是个独自在湾流中一条平底小帆船上钓鱼的老人"，语法完全正确，称得上是英语翻译中的标准答案。

吴劳，被誉为"海明威专家"，《老人与海》是他所有译作中影响最深远的一部，几乎成为其一生翻译成就的代名词。上海译文出版社外国文学编辑室原编辑张建平曾评价他说："他主张全息翻译，就是作者在书中表达的东西，都要尽量完完全全翻译出来。"从这句话的翻译就可见一斑。

张爱玲的翻译比较特别，首先她直接将"an old man"翻译为"一个老头子",余光中和吴劳都译为"老人",两相比较,张爱玲的翻译更加口语化,也更亲切。而"fished alone"中的"fish"一词,余光中译为"捕鱼",吴劳译为"钓鱼",张爱玲译为"打鱼",三者比较,"打鱼"和"捕鱼"的翻译比"钓鱼"更准确一些。因为老人出海最后捕到的是一条大马林鱼,鱼的身长足足有十八英尺(5.48米),体重重达1 500磅(680公斤),一般这么大的鱼是很难钓到的。

而且无论是张爱玲的"已经有八十四天没有捕到一条鱼了",还是吴劳的"这一回已去了八十四天,没逮上一条鱼",都比余光中的"如今出海已有八十四天,仍是一鱼不获"更加自然贴切,余光中先生的译文还是太文绉绉了。

从"信"的标准来看,吴劳和张爱玲的译文比余光中的译文更忠于原著,余光中先生的译文"雅"则"雅"矣,"信"尚不够。

再看第一段整段的原文,紧接着这第一句之后:

(He was an old man who fished alone in a skiff in the Gulf Stream and he had gone eighty-four days now without taking a fish.)In the first forty days a boy had been with him. But after forty days without a fish the boy's parents had told him that the old man was now definitely and finally salao, which is the worst form of unlucky, and the boy had gone at their orders in another boat which caught three good fish the first week. It made the boy sad to see the old man come in each day with his skiff empty and he always went down to help him carry either the coiled lines or the gaff and harpoon and the sail that was furled around the mast. The sail was patched with flour sacks and, furled, it looked like the flag of permanent defeat.

还是看四种不同的译本,分别是李育超、余光中、吴劳和张爱玲的译本。

译文一(李育超的译文):

头四十天,有个男孩跟着他。不过,一连四十天都没捕到鱼,男孩的父母就对孩子说,这老头如今晦气到家了,真是倒霉透顶,于是,男孩照他们的吩咐上了另一条船,头一个星期就捕到了三条很棒的鱼。男孩见老人天天空船而归，心里很难受，他总是走下岸去，帮老人拿卷起来的钓线，或是鱼钩、鱼叉，还有缠在桅杆上的船帆。那船帆用面粉袋打了几个补丁，收拢起来真像是一面标志着永远失败的旗帜。

译文二（余光中的译文）：

开始的四十天，有个男孩跟他同去。可是过了四十天还捉不到鱼，那男孩的父母便对他说，那老头子如今不折不扣地成了晦气星，那真是最糟的厄运，于是男孩听了父母的话，到另一条船上去，那条船第一个星期便捕到三尾好鱼。他看见老人每日空船回来，觉得难过，每每下去帮他的忙，或拿绳圈，或拿鱼钩鱼叉，以及卷在桅上的布帆。那帆用面粉袋子补成一块块的，卷起来，就像是一面长败之旗。

译文三（吴劳的译文）：

头四十天里，有个男孩跟他在一起。可是过了四十天还没捉到一条鱼，男孩的父母对他说，老人如今准是终于"倒了血霉"，这就是说，倒霉到了极点，于是男孩听从了他们的吩咐，上了另外一条船，头一个礼拜就捕到了三条好鱼。男孩看见老人每天回来时船总是空的，感到很难受，他总是走下岸去，帮老人拿卷起的钓索，或者鱼钩和鱼叉，还有收卷在桅杆上的帆。帆上用面粉袋片打了些补丁，收拢后看来像是一面标志着永远失败的旗子。

译文四（张爱玲的译文）：

在最初的四十天里有一个男孩和他在一起。但是四十天没捕到一条鱼，那男孩的父母就告诉他说这老头子确实一定是晦气星——那是一种最最走霉运的人——于是孩子听了父母的吩咐，到另一只船上去打鱼，那只船第一个星期就捕到三条好鱼。孩子看见那老人每天驾着空船回来，心里觉得很难过，他总去帮他拿那一卷卷的钩丝，或是鱼钩和鱼叉，还有那卷在桅杆上的帆。帆上用面粉袋打着补钉；卷起来的时候，看上去像永久的失败的旗帜。

"salao"是西班牙语，西班牙文"salao"的正确拼写应该是"salado"，意思是

"加了盐的，咸的，苦的"，转义为"倒霉的、不吉利的"。

"the boy's parents had told him that the old man was now definitely and finally salao, which is the worst form of unlucky"的四种译本：

李育超译为"男孩的父母就对孩子说，这老头如今晦气到家了，真是倒霉透顶"；

余光中译为"那男孩的父母便对他说，那老头子如今不折不扣地成了晦气星，那真是最糟的厄运"；

吴劳译为"男孩的父母对他说，老人如今准是终于'倒了血霉'，这就是说，倒霉到了极点"；

张爱玲译为"那男孩的父母就告诉他说这老头子确实一定是晦气星——那是一种最最走霉运的人"。

这句话如果完全直译怎么译？大概可以这样翻译："男孩的父母已经告诉他这个老人现在是明确地、彻底地倒霉了，就是一种最糟糕的倒霉的形式。"这里的"of unlucky"用法比较奇怪，应该是把"unlucky"这个形容词当作名词来使用了，所以放在"of"后面。

和前面四位译者的译文相比较，显然这样的直译过于呆板，因为这是孩子父母跟男孩说的话，日常生活中应该不可能这么咬文嚼字和一板一眼，不会这么书面化。所以四位译者都没有采用直译的方式，即便是主张"全息翻译"的吴劳先生也没有，而是各有各的精彩，难分伯仲。

其中吴劳先生的"倒了血霉"一词翻译得特别有意思，将日常生活中的中文口语融入了英语，活灵活现，将外国文学和本民族文学在翻译的过程中进行了巧妙的融合，有点像钱锺书先生所说的"化境"。翻译没有生硬牵强的痕迹，又能完全保存原作的风味，既有"中国味"，又不失英语的"原味"。

最后看整部小说中最经典的一句话：

"But man is not made for defeat," he said. "A man can be destroyed but not defeated."

这是《老人与海》中的圣地亚哥老人说的最经典的一句话，我们来比较四种不同的译本，分别是李育超、余光中、吴劳和张爱玲的译本。

译文一（李育超的译文）：

"但人不是为失败而生的，"他说，"一个人可以被毁灭，但不能被打败。"

译文二（余光中的译文）：

"可是人不能认输，"他说，"人可以毁灭，但不能屈服。"

译文三（吴劳的译文）：

"然而人不是为失败而生的，"他说。"一个人可以被毁灭，但不能给打败。"

译文四（张爱玲的译文）：

"但是人不是为失败而生的，"他说。"一个男子汉可以被消灭，但是不能被打败。"

"But man is not made for defeat"，"be made for"有"生来怎样"或者"为了什么而生"的意思，李育超、吴劳和张爱玲的译文都译出了这个意思："为失败而生的"。唯有余光中译为"不能认输"，把原本的"生来怎样"变成了一个主动的行为，有点曲解了原著。

"A man can be destroyed but not defeated"，李育超、吴劳和张爱玲的译文都译出了被动的意思："不能被（给）打败"。唯有余光中译为"不能屈服"，变成了主动的意思，显然不太符合语法规则。余光中先生之所以这样翻译，可能是想突出主动权还是掌握在自己手里，老人是自己不肯主动屈服，更凸显老人宁死不屈的硬汉形象。如果从"信达雅化魂美"的翻译标准来看，余光中先生的翻译始终是"化"大于"信"。

另外还有一个单词，李育超、余光中和吴劳三位都将"be destroyed"翻译为"（被）毁灭"，唯有张爱玲译为"被消灭"，哪一个更好呢？可能"消灭"比"毁灭"更彻底吧，不知道张爱玲当时是不是这样想的。

(三) 尝试做一回小小"翻译家"的实践探索

1. 教师提供英语原版的部分段落给学生进行实践翻译

海明威《老人与海》英文原著的几个段落：

As the boy went out the door and down the **worn** coral rock road he was crying again.

That afternoon there was a party of tourists **at the Terrace and looking down in the water among the empty beer cans and dead barracudas** a woman saw a great long white spine with a huge tail at the end that lifted and swung with the tide while the east wind **blew a heavy steady sea** outside the entrance to the harbor.

"What's that?" she asked a waiter and pointed to the long backbone of the great fish that was now just garbage waiting to go out with the tide.

"Tiburon，" the waiter said. "Eshark." He was meaning to explain what had happened.

"I didn't know sharks had such handsome, beautifully formed tails." "I didn't either，" her male companion said.

Up the road，in his shack，the old man was sleeping again．He was still sleeping on his face and the boy was sitting by him watching him. The old man was dreaming about the lions.

2. 学生翻译创作的实践探索

教师阅读了所有学生的译文之后，发现主要有三个点值得探讨，其中两个点比较小，一个点比较大。以学生的部分答案为例，同时与三位译者的译文进行比较分析。

(1) 第一个点："down the worn coral rock road"中的"worn"怎么翻译比较好？

学生的翻译有：破旧的、陈旧的、磨损的、褪色的、斑驳的、饱经风霜的、破烂的、颓败的。("worn"译为"用旧的")

李育超译为"磨损的"；吴劳译为"磨损的"；张爱玲译为"磨损的"。

（2）第二个点："He was still sleeping on his face"怎么翻译比较好？

李育超译为"他还是脸朝下趴着"；吴劳译为"他依旧脸朝下躺着"；张爱玲译为"他仍旧脸朝下睡着"。

学生的翻译有点出乎意料,列举几例：他仍趴在桌上睡着；他还在面前睡觉；他脸朝下趴着；他还在埋头睡觉。

"他仍趴在桌上睡着"中的"在桌上"属于无中生有；"他还在面前睡觉"则属于英语某些词组和用法没有完全掌握好；"他脸朝下趴着"和"他还在埋头睡觉"的翻译都比较好,"埋头睡觉"简明生动。

（3）第三个点,是一个难点,也是这三段原文里最长的一个句子。海明威的作品很少写长句,一旦写了往往就不简单。第二段画线的句子,三位译者的翻译其实也有争议,而且差别还挺大：

李育超译为：那天下午,露台餐馆来了一群游客,有位女士望着下面的海水,发现在空啤酒罐和死梭子鱼中间有条又大又长的白色鱼脊骨,末端耸立着一个巨大的尾巴,东风在海港以外不断掀起大浪,那尾巴也随着潮水起伏摇摆。

吴劳译为：那天下午,露台饭店来了一群旅客,有个女人朝下面的海水望去,看见在一些空啤酒罐和死梭子鱼之间有条又粗又长的白色脊骨,一端有条巨大的尾巴,当东风在港外不断地掀起大浪的时候,这尾巴随着潮水起落、摇摆。

张爱玲译为：那天下午,露台酒店来了一群游览的人,一个女人向水里望下去,在一些空啤酒罐和死梭鱼之间,她看见一根极大的长而白的脊骨,连着一个庞大的尾巴,潮水淹上来,那尾巴就跟着潮水飘举摇摆着；东风吹着,海港外面的风浪一直很大。

这个长句里又有三个疑点：

第一个疑点："at the Terrace"怎么翻译？

① 很多学生都译为：在阳台。

② 有学生译为：在梯田上、在码头上、在"Terrace"餐厅、在特瑞斯、在窗台酒店、在空中餐厅、在露台酒吧、在酒吧里。

③ 也有学生译为：在露台餐厅、在露天餐厅、在阳台餐厅、在露台饭店、在天台餐厅。

辨析：

第③种翻译显然更符合原文，因为"Terrace"中的"T"大写了，变成专有名词了，"阳台"就应该是这个餐厅的名字了。"Terrace"虽然也有"梯田"的意思，但显然这里不合适，因为在海边。

第二个疑点："blew a heavy steady sea"怎么翻译？

学生一般都译为：（吹动）厚重的、沉重的、平稳的、沉稳的海。不过有两名学生不同，一名译为"不断掀起波涛（的海）"，一名译为"肆虐着看似平稳的海面"。

看三位译者是怎么翻译的？

李育超译为"不断掀起大浪"；吴劳译为"不断地掀起大浪"；张爱玲译为"风浪一直很大"。

三位译者都不约而同地译为"大浪"，因为"heavy sea"这个词组就是"波涛汹涌的大海"的意思，所以第一名学生译为"不断掀起波涛（的海）"是正确的。但是"heavy steady sea"中的"steady"怎么翻译？好像三位译者也不约而同地选择了"回避"，都没有翻译。这到底是因为"不值一提"，还是因为"无法解决"？

为此，笔者特地"请教"了 DeepSeek，以下是笔者的提问和 DeepSeek 的解答：

【问】"a heavy steady sea"怎么翻译？

【答】"a heavy steady sea"可以翻译为"持续汹涌的海面"或"持续的大浪"。这个短语描述的是海上风浪大且持续不断的状态。

【问】"steady"怎么翻译？

【答】"steady"可以翻译为"稳定的""持续的"或"平稳的"。具体翻译取决于上下文。例如，稳定的：用于描述某种状态或情况保持不变。持续的：用于描述某种动作或状态不间断地继续。平稳的：用于描述某种运动或变化没有剧烈波动。

在"a heavy steady sea"这个短语中，"steady"更倾向于表示"持续的"或"平稳的"，即海面持续有大浪或波涛汹涌的状态。

如果是这样，那么吴劳译为"不断地掀起大浪"，张爱玲译为"风浪一直很大"，其中"不断地"和"一直"就是持续不断的意思，两位译者并没有"避而不谈"，而是非常精准地进行了翻译。

第三个疑点："looking down in the water among the empty beer cans and dead barracudas"怎么翻译？

这可能是所有难点里最难的了！三位译者也是各不相同，颇有争议。

"looking down in the water"应该不是"看向水面"的意思，因为如果是"看向水面"的意思，此句应该改为"looking down into the water"。所以，此句应该是"一个女人朝下面望去"，然后"在空啤酒罐和死梭鱼中间的水中"，这个女人看见了巨大的鱼脊骨。

所以，李育超、吴劳和张爱玲的译文恐怕都有误。

有三名学生的翻译值得一提：

第一名译为：他们在一堆空啤酒罐和死梭鱼中往下望水面……

第二名译为：在空啤酒罐和梭鱼尸体间的水中，一个女人看到了……

第三名译为：一位女子低头看向空啤酒罐和死梭鱼之间的水域时，看到了……

第一名学生的翻译容易引起误解；后面两名学生的翻译应该比较接近海明威原著的意思，符合"信达雅化魂美"中"信"的要求，值得肯定。

不过"一个女人朝下面望去，在空啤酒罐和死梭鱼中间的水中，她看见了……"的翻译，虽然应该比较接近海明威英文原版的意思，但也有一个问题：感觉空啤酒罐和死梭鱼好像太多了，而这个巨大的鱼脊骨反而见缝插针地在这么多啤酒罐和死梭鱼的水中上下浮动，显得有些奇怪。那么，到底怎样翻译才能完美无缺呢？或许还需要进一步探讨。

综上所述，这个长句怎么翻译可能会更好一些？是不是可以这样修改：

那天下午，阳台餐厅来了一群游客，一个女人朝下面望去，在空啤酒罐和死梭鱼中间的水中，她看见了一根又大又长的白色的鱼脊骨，尾部连着一个巨大的尾巴，当东风在海港入口外肆虐着持续不断的汹涌海面时，这个尾巴随着潮水起落摇摆。

以上只是笔者的一己之见，有待商榷。为此笔者还请教了英语老师，英语老师提出了一个颇有见地的看法：海明威的创作其实并非以语言见长，而是以精神著称，他并不如我们想象的那么讲究语法。可谓一语点醒梦中人！

英语老师还针对以下四个问题一一作了解答：

【问题】

1. 整段长句怎么翻译？

2. "looking down"的主语是谁？

3. "in the water among the empty beer cans and dead barracudas"怎么翻译？

4. "a heavy steady sea"中的"steady"怎么翻译？

【解答】

1. 整段长句译为：那天下午，海滨平台上有一群游客向水面张望。在一堆空啤酒罐和死梭鱼之间，一位妇女发现了一个又长又大的白色背脊，其末端有一个巨大的尾巴，随着潮水起伏和摆动。此时，在港湾入口之外，东风裹挟着一片暗流涌动。

2. "looking down"的主语是"tourists"。

3. "looking down in the water"正常情况下后面应该有句号断开，后面的among ...是 a woman saw ...的状语。文中没有断句，但也不影响上下文理解。

4. 这里"steady"的解释应该仍然是常规含义，即"平稳、稳定"，所以"a heavy steady sea"我的理解是"暗流涌动"的意思。

第二章

提升篇：文化传承与理解

第一节　文化的启蒙与求学

——给小学生讲《红楼梦》

 摘　要

一、文化的启蒙和培养求学精神的意义与方法

（一）文化的启蒙和培养求学精神的意义

（二）文化的启蒙和培养求学精神的方法

二、文化的启蒙和培养求学精神的实践——以"给小学生讲《红楼梦》的讲座"为例

（一）打开三扇门：好奇之门、探索之门和趣味之门

1. 打开一扇好奇之门：关于一本"奇书"

2. 打开一扇探索之门：关于一个"大观园"

3. 打开一扇趣味之门：趣味问答，现学现"烤"

（二）讲座之后的反思

一、文化的启蒙和培养求学精神的意义与方法

（一）文化的启蒙和培养求学精神的意义

文化启蒙的意义：源远流长的中华传统文化是中华民族的瑰宝，通过文化启蒙教育，可以帮助学生感受到民族文化的博大精深，加深对中华优秀传统文化的了解和认同，提升对中华民族文化的自信心和自豪感，从而树立积极向上的文化价值观。

什么是求学精神？就是孜孜以求、一丝不苟、脚踏实地的学习品质，也是不骄不躁、严谨务实、勇攀高峰的性格品质。所谓"好学"，既指喜欢学习，也指善于学习，它是贯穿每个人一生的重要精神财富。教师的使命，就是在每个学生年幼的心中种下一颗"好学"的种子，让学生发自内心地爱上学习，并且受用终身。

（二）文化的启蒙和培养求学精神的方法

这次讲座面向的是小学中年级和高年级的学生。他们已经具有一定的认知水平和学习能力，对新事物有比较强烈的好奇心；自我意识开始逐渐增强，渴望得到认可和赞许，好胜心也比较强；同时活泼好动，注意力容易分散，有时自控能力还需要增强。

所以，需要教师找到正确的打开方式，通过多样化的教学手段，激发小学生的学习兴趣和热情，引领他们持续地学习和探索，并且始终能够乐在其中。

（1）首先，给小学生讲《红楼梦》，内容的选择很重要。要难度适中，看似比较浅显但是又能深入挖掘，要符合小学生的接受能力；当然，也要比较有趣，能够激发他们的兴趣。

总之，要说一些他们听得懂的、喜欢听的内容。

概括起来，文化的启蒙和学生求学精神的培养，就是一个寻找"点""面"和"线"之间平衡关系的过程。

"点"就是"切入点"，找到一个巧妙的切入点，方能刺得准，刺得深。"面"就是"横切面"，横向拓展延伸，知识面就打开了，拓宽了。"线"则是"纵向

线"，就一个问题深入地钻研下去，不达不休，直到切中肯綮。

给小学三年级和五年级的学生讲《红楼梦》难度真的不小。学生太小，《红楼梦》又太深，怎样深入浅出地讲解，是重点，也是难点。具体来说：

先是一个"点"，抓住了一个"奇"字。"奇书"奇在哪里？"奇书"的作者是何方神圣？"奇书"背后的原因是什么？

再是一个"面"，紧扣了"大观园"。大观园里住着哪些人？大观园里穿什么、吃什么、玩什么？你发现大观园有什么问题吗？

最后是一根"线"，抓住了一个"趣"字。兴趣是小学生能持续地学习和探索的重要动力之一。无论是"三连问"，"衣、食、住、行"各个方面，还是最后的"趣味问答"和"现学现'烤'"，力求通过这些环节，持续地吸引和提高小学生的注意力和专注度，让他们在不知不觉中收获快乐，也收获知识和文化。

（2）其次，给小学生讲《红楼梦》，语言的表述方式也很重要。要选择符合学生年龄特点的语言，不能过于深奥艰涩；要选择娓娓道来的表述方式。

总之，说一些他们听得懂的能沟通的话。

二、文化的启蒙和培养求学精神的实践——以"给小学生讲《红楼梦》的讲座"为例

给小学生讲《红楼梦》，难点在于如何开启这扇文学与文化之门，又如何推开他们求学与求知的天窗。文化的启蒙，可能首先源于是否能够找到一扇合适的门。第一扇门，可能是好奇之门。

以下分别是笔者 2011 年 12 月和 2012 年 4 月，在上海市民办协和双语学校给三年级和五年级的学生开设的两场关于《红楼梦》的专题讲座。内容概述如下：

（一）打开三扇门：好奇之门、探索之门和趣味之门

1. 打开一扇好奇之门：关于一本"奇书"

三连问："奇书"奇在哪里？"奇书"的作者是何方神圣？"奇书"背后的原因是什么？

第一问："奇书"奇在哪里？

在讲座的开头，用一个有点奇怪的问题引发小学生的好奇心。

今天我给大家介绍的这一本好书《红楼梦》，也是一本"奇书"。"奇"在哪里？首先奇在：它是半本书，只有前八十回，但是它的成就几乎超过了所有完整的书。何以见得？几百年来，光是研究这本书的人就很多很多，多到什么程度？多到竟然形成了一门特殊的"学问"——"红学"。所以，有这样一句话来形容这一情况：半部"红楼"，一门"红学"。这绝对是世界文坛的一道奇观。

第二问："奇书"的作者是何方神圣？

先来说一说作者曹雪芹的情况。《红楼梦》的作者是清代的曹雪芹。他用了整整十年时间创作了《红楼梦》，有人说他曾先后增删了五次，仅写至第八十回便"泪尽而逝"了。这也是他一生中唯一的一部小说。

写这部小说的时候，曹雪芹的家等于已经没了，曹家就像小说中的"贾家"一样，曾经是一个轰轰烈烈的大家庭。生活在清朝的曹家做了很大的官，从曹雪芹的曾祖父、祖父到父亲，整整三代人都是江宁织造（为皇宫采办丝绸，肥缺）。而且同皇帝的关系非常亲密，是皇帝的心腹，当时清朝的康熙皇帝四次到江南一带考察，四次都住在他们家，曹家还先后有两个女孩儿嫁给了皇子，真是喜上加喜、亲上加亲。

但是等到曹雪芹和你们年龄相仿的时候，曹家彻底败落了，原来的康熙皇帝死了，后来的雍正皇帝和乾隆皇帝几次抄了他们的家，直到彻底败落。什么叫抄家呢？就是把他们家所有的财产都收了去，把他们家所有的人都赶了出去。假设是你，你感觉怎么样？有的家人死了，有的家人被流放到很远的地方，再也见不到了，所有的财产也都没了。你说曹雪芹伤心不伤心？原先每天生活在锦衣玉食中，什么叫"锦衣玉食"？就是穿的是用最好的丝绸做的衣服，吃的是像玉一样精美可口的食物，但现在，就是每天吃白米饭都吃不起，全家人往往只能喝粥，甚至有时连粥都喝不上。

但是不管怎样艰难，曹雪芹最终还是活了下来，在北京香山脚下一个叫"黄叶村"的地方住了下来。在"黄叶村"这个偏远的小村庄里，曹雪芹开始了

《红楼梦》的创作,用了整整十年的时间,就是为了让自己的家庭、让自己的家人们在小说里复活,得以永远地保留下来,让后来的人知道他们的故事。这是曹雪芹当时唯一能够做到的事情了,对于他来说也是最有意义的事情了。这就是小说《红楼梦》的写作背景。

第三问:"奇书"背后的原因是什么?

作者曹雪芹写这本书的目的不是为了出名,不是为了获利,只是因为他想写,不得不写。曹雪芹原本没有打算写一本畅销书的,结果这本书却成了当时最流行的一本书。书刚写成的时候,并没有印刷出版,大家要看书怎么办? 自己抄,一字一句亲手抄写。《红楼梦》一共有多少字? 光是前八十回,就有约六十一万字。但是大家太喜欢这本书了,所以再厚的书也不怕。而且还不是想抄就能抄的,据说如果花上几十两银子就能够获得抄写的资格,就已经很让人开心了。要知道,按照当时的消费水平,二十两银子就够一个普通的人家过上一年了,相当于现在的好几万元了。你们现在花上几十块钱,就能买到一本装帧精美的印刷本,很幸运了。

那么,到底为什么曹雪芹要写这本书呢? 写这本书的目的又是什么呢?

仅仅只是为了让童年的生活在小说中重现吗? 应该不止如此。你们觉得可能会有哪些原因呢?

至于原因,给小学生留下想象的空间,暂且不表。

2. 打开一扇探索之门:关于一个"大观园"

三连问:大观园里住着哪些人? 大观园里穿什么、吃什么、玩什么? 你发现大观园有什么问题吗?

第一问: 大观园里住着哪些人?

第一个人物名叫"贾宝玉",是一个十多岁的男孩子。他住在"大观园"里一个名叫"怡红院"的金碧辉煌的地方。贾宝玉就像他的名字一样,绝对是整个贾家的心肝宝贝。家里世代做官,而且做的都是大官,从小贾宝玉就生活在锦衣玉食中,家里上上下下,几乎所有的人都围着他转,尤其是祖母,也就是整个贾家辈分最高的老祖宗"贾母"特别疼爱他,甚至有一点溺爱。对于贾宝玉来说,唯一的烦恼或许就是父亲贾政管教得太严,宝玉看到父亲,就像老鼠见了猫。当然,贾宝玉也是一个非常聪明的孩子,读书一点就通,只要稍微花一点功夫,写出来的文章和诗歌就比同龄的孩子好上许多,有些连大人都比不上。最最难能可贵的是,他也很善良,虽然家里有钱有势,但他从来都不仗势欺人,反而总是照顾原本应该照顾和服侍自己的底下的丫鬟们。

在古代,人和人生来就是不平等的。在有钱人家家里,总是有许多丫鬟和小厮,这被认为是天经地义的事情。(女孩儿叫丫鬟,男孩儿叫小厮)这些丫鬟和小厮们,要打要骂甚至要杀都是由他们的主人决定的。但是,在贾宝玉眼里,人和人是平等的,所以他经常发自内心地照料身边那些地位低下的丫鬟们。当然,贾宝玉的幸福也是短暂的,没过几年,贾府就被抄了家,贾宝玉也被迫流落在外,最后出家当了和尚。

在贾宝玉的身上其实有许多曹雪芹自己少年时的影子。

在"大观园"里,还住着两个非常出色的女孩子:一个叫林黛玉,住在大观园里一个叫"潇湘馆"的地方;一个叫薛宝钗,住在大观园里一个叫"蘅芜苑"的地方。

林黛玉比贾宝玉小一岁,是贾宝玉的表妹,贾宝玉叫她林妹妹;薛宝钗比贾宝玉大两岁,是贾宝玉的表姐,贾宝玉一般叫她宝姐姐。这两个女孩子都非常出色,聪明、善良又漂亮,但最有意思的还是,她们两个人又好像什么都不一样,而且正好相反。

先来说说林妹妹——林黛玉:

林妹妹很瘦,特别有灵气和才气,但是身体很差,每天都要吃很多药。因为每天都要熬药,整个潇湘馆里都是药的香气。林妹妹的心眼很小,动不动就生气,特别爱哭,也特别喜欢讽刺人,但是又非常聪慧,写的文章和诗歌无人能及。刚才我们说贾宝玉文章写得好,可是一旦同林黛玉也就是林妹妹比起来，那就相差十万八千里了。

林妹妹住的屋子叫"潇湘馆"，就同她这个人一样，三间房都是小小的，两间暗、一间明，但是都特别精致。潇湘馆的屋子外面种着许多竹子，一旦下雨，雨滴滴在竹叶上，很好听，但也有一点凄凉，就像林妹妹不高兴的时候，经常躲在屋子里哭泣的声音。

再来看看宝姐姐——薛宝钗：

宝姐姐薛宝钗刚好同林妹妹相反，有点胖，身体也好，不轻易生病，一旦生病稍微养一养也就好了。

宝姐姐的心眼很大，好像从来都不会生气，别人一旦得罪了她，她一般一笑了之，从来不跟别人计较。宝姐姐也非常聪明，但是她的聪明好像都要故意藏起来似的，不轻易让别人知道。她的诗歌和文章也写得很好，有时甚至还能超过林妹妹，当然绝大多数情况还是林妹妹更胜一筹。

宝姐姐住在"蘅芜苑"。屋子同她的主人一样，非常大气、非常朴素，连蚊帐和被子也都是素色的。其实薛宝钗家里非常有钱，当时有这么一句话用来形容薛宝钗的家里："丰年好大雪，珍珠如土金如铁。"什么意思呢？"雪"是"薛"的谐音，指的是薛宝钗他们家珍珠很多很多，多到就像泥土一样，到处都是；金子呢，就像废铜烂铁一样，一点也不稀奇。当然，这里肯定有夸张成分，但是也可见一斑了。不过即便这么有钱，薛宝钗还是很节省的，能够不做新衣服就不做新衣服，房间里所有的摆设也都一概没有，屋子好像"雪洞"一般。

除了贾宝玉、林黛玉和薛宝钗这三个最主要的人物以外，还有四个女孩子不得不提。

第一个是贾元春。她出生在正月初一这一天，取名"元春"，也就是春天第一天的意思，被认为是最有福气的人。后来她果然很有福气，嫁给了皇帝，荣升为贤德妃，住在皇宫里，整个贾家也因为她更加繁荣昌盛了。古代的女孩子，一旦出嫁了，就不能轻易回自己的妈妈家了。如果嫁给皇帝的话，那就更不能回家了。但是，贾元春作为贵妃，却受到了皇帝的特别宠爱，被允许回自己的娘家看望父母和家人。虽然只有一次，但已经很好了。贵妃要回娘家来看望家人了，作为娘家的贾家当然紧张得不得了。怎么办呢？贾家为了迎接贵妃的这一次回家，竟然特地建造了一个园林，让贵妃可以休息。这个园林就是大观园。

第二个女孩名叫贾迎春。她非常善良，但是也有些软弱，时常被底下的人欺负。她住在大观园一处名叫"紫菱洲"的"缀锦楼"里。

第三个女孩名叫贾探春。她非常干练而且聪明，是所有姐妹中的"书法家"，毛笔字写得特别好。凡要誊写诗歌，总是由贾探春誊写。这个女孩子也很大气，性格有点像男孩子。她住在一个叫"秋爽斋"的地方。

第四个女孩儿名叫贾惜春。她特别擅长画画，可以称得上是姐妹里的"画家"。曾经打算将姐妹们在大观园里游玩的所有场景都画下来，只不过这幅画一直都没有画完。直到最后贾家被抄了家，也就永远都没有画完的机会了。贾惜春住在大观园里一个名叫"暖香坞"的地方。姐姐贾探春是书法家，妹妹贾惜春是画家，姐妹二人都非常出色。

但是最终，她们姐妹四人的命运又都非常凄惨，这从她们的名字就可以看出来。把四个人的名字连在一起，你会发现什么？

元迎探惜＝原应叹息。

林黛玉、薛宝钗，再加上"元迎探惜"姐妹四个，一共是六个女孩儿；另外还有六位女性也十分出色，合在一起，就是小说里所说的"金陵十二钗"了。今天因为时间的关系，不能一一介绍了。

但是，有一点可以告诉大家：不仅这十二位女性非常出色，《红楼梦》中的其他人物也都是栩栩如生的，即便是最不起眼的一个小丫头，甚至是一只小宠物。比如，林黛玉居住的潇湘馆里的那只小小的鹦鹉。这只鹦鹉可不一般啊，不仅会讲话，还会学着林黛玉念诗，念完诗以后还会叹气，连叹气的声音都同林黛玉一模一样，在林黛玉伤心难过的时候，给了她不少安慰。

第二问：大观园里穿什么、吃什么、玩什么？

《红楼梦》的第二个特色，就是它的无所不包、无所不能，它是一部艺术化的中国古代社会文化百科全书。上至天文，下至地理，曹雪芹好像什么都懂，什么都会写。《红楼梦》里涉及的知识有：诗词曲赋、名句俗谚、历史典故、官职礼仪、地理经济、宗教哲学、戏曲曲艺、音乐书画、风俗游艺、服饰饮食、陈设器用、园林建筑、生物医药……

我们来看看《红楼梦》里的人们"穿什么""吃什么"。小说中的贾家就像现实生活中的曹家一样，过着真正的"锦衣""玉食"的生活。

先来看看贾宝玉"穿什么"。

"头上戴着束发嵌宝紫金冠，齐眉勒着二龙抢珠金抹额；穿一件二色金百蝶穿花大红箭袖，束着五彩丝攒花结长穗宫绦，外罩石青起花八团倭缎排穗褂；登着青缎粉底小朝靴。……项上金螭璎珞，又有一根五色丝绦，系着一块美玉。"

对于宝玉的这一身行头，作者从头到脚、不遗余力地进行描写。

头上戴的是"束发嵌宝紫金冠"。"嵌宝"就是用金丝编织，上面镶嵌着各种珠玉；"紫金"是用赤铜和黄金打造的合金，也称"紫磨金"。这种戴帽的风尚是从明代的皇室内廷沿袭而来，后来逐渐成为贵族公子们流行的服饰。

再看"齐眉勒着二龙抢珠金抹额"。什么是"抹额"？它往往同帽子一起佩戴，是一种专门用来压住头发、束着额头的配饰。当然宝玉的这个"抹额"十分名贵：用金丝编成。最有意思的还属抹额上"二龙抢珠"的纹饰：两条龙口衔在一起，中间缀着一颗珍珠，这颗珍珠还是活动的，这就是所谓的"抢"。实在是精致异常！宝玉也诚如这颗活动的"珍珠"，是贾府上下争抢的宝贝啊。

身上"穿一件二色金百蝶穿花大红箭袖，束着五彩丝攒花结长穗宫绦，外罩石青起花八团倭缎排穗褂"，脚上踩着"青缎粉底小朝靴"。

那件百蝶穿花的大红箭袖，前面已经提到了，这里再重点提一下宝玉的这件石青起花八团倭缎排穗褂。石青色类似石头般的颜色，呈淡淡的灰青色，好像不起眼，其实很尊贵。在清代服制中，石青色是仅次于黄色的最贵重的颜色。清代贵族阶层皆以石青色为贵。

曹雪芹是谁？他出生于有着六十多年历史的江宁织造府，从他的曾祖曹玺、祖父曹寅到他的父辈曹颙和曹頫，一连三代四人，前后担任江宁织造长达六十余年。织造是什么官职？是专门为内务府采办御用物品的，尤其是像绫罗绸缎这样高级的皇家专用的丝织品。所以，无论是选料制作，还是款式色彩，出生于这样的家庭的曹雪芹才会如此精通！

最后是宝玉脖子上挂的一块美玉，出生时便含在嘴里，这当然是小说艺术虚构的结果了。

再来看看《红楼梦》里"吃什么"。

一道家常菜：茄子。茄子，你们平时一定也都吃过吧，看看《红楼梦》里的茄子是怎么做的："把才下来的茄子把皮劗了，只要净肉，切成碎钉子，用鸡油炸了，再用鸡脯子肉并香菌、新笋、蘑菇，五香腐干，各色干果子，俱切成钉子，用鸡汤煨了，将香油一收，外加糟油一拌，盛在瓷罐子里封严，要吃时拿出来，用炒的鸡瓜一拌就是。"

实在太考究了！是王熙凤在故意炫耀吗？还是曹雪芹的微妙讽刺？

据周汝昌先生的一位朋友说，还真有人按照凤姐所教的方法如法炮制了一番。你猜，做出来的茄子什么味道？其实并不怎么好吃，也远非刘姥姥所说的那么美味。

最后看看《红楼梦》里"玩什么"。

《红楼梦》中的女孩子也玩放风筝的游戏，只不过她们玩的方式和我们现在不太一样。

首先她们放的风筝的样式简直是五花八门：有美人儿的，也有沙雁儿的，还有大鱼的、大螃蟹的、大蝙蝠的……放风筝的方法也是与众不同：丫头们搬高墩，捆剪子股儿，一面拨起籰子来。等到风筝放到了天上，一时风紧了，众丫鬟都用娟子垫着手放。如果风力太紧了，小姐们就会将籰子一松，只听"豁喇喇"一阵响，登时籰子线尽，风筝随风去了。

而且她们之所以放风筝，不仅仅是因为好玩，而且是要放晦气。黛玉将风筝放走了，紫娟说："这一去把病根儿可都带了去了。"

是不是同我们现在放风筝有点不一样呢？好像更有趣。

第三问：你发现大观园有什么问题吗？

首先，大观园到底在哪里？

小说《红楼梦》的故事到底发生在哪儿？有一个词语叫"亦南亦北"。好像是在北京，又好像是在南京。因为曹雪芹曾经生活在南方（现在的南京），家道败落以后迁到了北方（现在的北京）。所以，小说里面很多景物也就被糅合在了一起，让人分不清南北了。

其次，大观园的主人姓"贾"，既然写的是自己家的故事，为什么小说人物不姓曹呢？

因为"贾"，就是"假"的谐音。它告诉我们一点：小说中贾家的故事是假的，现实生活中曹家的故事才是真的。也正是因为写实，小说最后的结局也十分悲惨，就像曹雪芹的曹家一样。《红楼梦》一共一百二十回。前八十回曹雪芹作，后四十回一般认为系高鹗所续。后四十回续作虽根据原书线索写了贾家被抄等悲剧情节，然其所安排的宝玉"中乡魁"等的结局，则皆非曹雪芹原意。无论是情节、内容还是思想，都发生了很大的变化，有一个词语叫"天壤之别"，说的就是这个情况。

其实，这个情况也等于回答了前面没有说清的那个问题："曹雪芹为什么要写这本书呢？"不仅是重现童年生活，更是一种无声的控诉和反抗。这等于也解开了另一个谜团，那就是为什么《红楼梦》只有"半部红楼"，只保留下来前八十回的内容。小说不仅是"超越功利"的，而且是一本真正的"血泪之作"，借助小说开头的几句话来说就是："满纸荒唐言，一把辛酸泪。都云作者痴，谁解其中味？"

小朋友们通过今天的讲座，也体会到了一点作者曹雪芹"一把辛酸泪"的心情了吧？

3. 打开一扇趣味之门：趣味问答，现学现"烤"

短短一个讲座，很难面面俱到。通过这个讲座，小朋友们已经了解了不少《红楼梦》的人物和故事,学习了不少知识和文化,甚至还解开了不少谜团。我们不妨最后现学现"烤",看看你们听讲认不认真,是不是学到了很多。是有奖问答哦,回答正确的小朋友将获得一套《红楼梦》金陵十二钗的人物书签,是用檀香木做成的,夹在书里会有淡淡的清香。希望这个檀香木的香气可以和书本的书香一起,伴随着你们今后长长的求学之路。

【趣味问答第一题】关于"住"。

先考考大家,看你们刚刚有没有认真听讲:林黛玉和薛宝钗分别住在哪里?

答案:林黛玉住的是"潇湘馆",薛宝钗住的是"蘅芜苑"。

接下来的这个问题就稍微有一点难度了。再来看一个地方:

"这三间屋子并不曾隔断。当地放着一张花梨大理石大案,案上磊着各种名人法帖,并数十方宝砚,各色笔筒,笔海内插的笔如树林一般。那一边设着斗大的一个汝窑花囊,插着满满的一囊水晶球儿的白菊。西墙上当中挂着一大幅米襄阳《烟雨图》,……案上设着大鼎。左边紫檀架上放着一个大观窑的大盘,盘内盛着数十个娇黄玲珑大佛手。"

请问:这间屋子的主人是谁?(A. 贾元春　B. 贾惜春　C. 贾探春)为什么?

答案:选项 C。有八个"大"字,说明这间屋子的主人非常大气,像男孩子一样,最重要的是这个屋子的主人非常爱好书法,当然就是前面介绍过的贾探春的住处了。屋子的名字也像它的主人一样非常大气:"秋爽斋"。

【趣味问答第二题】关于"衣"。

又到了考考大家的时候了,再来看看这一身衣服:

"蜜合色棉袄,玫瑰紫二色金银鼠的比肩褂,葱黄绫棉裙,一色半新不旧,看去不觉奢华。"

请问:这身衣服是谁穿的?(A. 林黛玉　B. 薛宝钗　C. 贾宝玉)为什么?

答案：选项 B。因为前面讲座讲到过，薛宝钗虽然家里很有钱，但她还是很节省的，能够不做新衣服就不做新衣服，所以这件衣服"一色半新不旧"符合她的性格。

【趣味问答第三、第四题】关于"食"。

不单是吃的东西讲究，就是盛食物的器具也是精致无比的，比如喝茶时用的茶具。

先看一个"杯子"：

"形似钵而小，也有三个垂珠篆字，镌着'点犀①盉'"。

解释一下：杯子样子像和尚拿在手里化缘的钵，但是要小上很多。杯子上刻着篆体的字，但是字的笔画是断断续续的，就像珠子串在一起。"点犀"的意思是"心有灵犀一点通"，就是很聪明的意思。

请问：这个杯子是给谁用的？（A. 林黛玉　B. 薛宝钗　C. 贾宝玉）为什么？

答案：选项 A。因为林黛玉长得很瘦弱、很小巧，而且又特别爱哭，也非常聪明，很有灵气。"垂珠"既可以指连缀着的珍珠，当然也可以暗指连缀在一起的"泪珠"了。

刚才是一个杯子，现在来说整套茶具：

"……一个海棠花式雕漆填金云龙献寿的小茶盘，里面放一个成窑五彩小盖钟……"

请问：这套茶具是给谁用的？（A. 薛宝钗　B. 贾宝玉　C. 贾母）为什么？

答案：选项 C。关键就是这"云龙献寿"四字，贾母是整个贾府中最年长也最有福气的人了。

【趣味问答第五题】关于"行"。

因为是手抄本的关系，在手抄过程中难免有误抄，导致有了不同版本。

---

① 一说"点犀"应作"杏犀"。此处以人民文学出版社 1996 年的版本为依据，后文统一写作"点犀"。

再看一题：不同手抄本的版本比较。

体弱多病但又美若天仙的林黛玉是怎么走路的呢？有两个不同的版本。一个版本写的是"林黛玉已摇摇地走了进来"，另一个版本写的是"林黛玉已摇摇摆摆进来了"。你觉得哪一个版本更好？为什么？

答案：第一个版本更好。"摇摇"形容走路体态轻盈，摇曳多姿，"摇摇摆摆"就显得步子不稳，像是喝醉了酒一样，当然不符合林黛玉的形象了。

【趣味问答第六题】关于"人名"。

以上五道题，加在一起正好是"衣、食、住、行"四个方面。接下来的这道题是一道附加题——关于贾宝玉的名字。

"贾宝玉"的大名到底叫什么？我们知道的"贾宝玉"这个名字，其实不是大名，应该是乳名或者小名，由此可见家人对他的宠爱。我们知道，贾宝玉的亲哥哥叫"贾珠"，亲弟弟叫"贾环"，堂哥叫"贾琏"，所以贾宝玉的大名应该也是单名一个字，且和兄弟们的单名相呼应，都是"王"字旁。那么，贾宝玉的大名应该叫什么呢？

答案：很可能叫贾珏。因为贾宝玉是"玉"中之"玉"，他出生时嘴里就衔了一块美玉，而且贾宝玉的前身是"神瑛侍者"，"瑛"字也是一个"王"字旁，所以推断贾宝玉的大名很可能是两个玉加在一起，也就是这个"珏"字。

总之，《红楼梦》中几乎无所不有，无所不能，而且所有知识都是"活"的。我们今天管窥蠡测，先介绍了作者的情况、小说的创作过程，然后是小说的主要人物和情节，再是从园林建筑到服饰文化再到饮食文化的一系列百科知识，最后还有一个比较（比较不同版本）和探秘（小说主要人物的人名探秘）。

我们今天的讲座只不过为通向《红楼梦》的殿堂打开了一道门、一扇窗，经典的作品就是这样，可以陪伴你一生。希望《红楼梦》也能够陪伴你一生，因为它绝对值得你一读再读。

（二）讲座之后的反思

对于小学生来说，这或许是他们第一次接触《红楼梦》，既学习了百科知识，也了解了中华文化，同时也收获了快乐，培养了好学和善学的学习品质。

对于教师来说,也是一次难得的学习机会,学习如何用更灵活和更恰当的方式,因材施教,寓教于乐。

两次讲座的对象其实稍有不同,一个是三年级的中年级学生,一个是五年级的高年级学生,但是两次讲座的内容区别不大。从效果来看,给三年级的学生作讲座效果更好一些,对于五年级的学生来说,有些内容和问题的难度还可以再加深一些,更富有挑战性一些。

(注:讲座面向的是上海市民办协和双语学校的小学生,讲座共进行了两场。2011年12月的讲座面向的是三年级全年级的小学生,2012年4月的讲座面向的是五年级全年级和全体国际部的小学生。)

第二节　文化的理解与求知
——高中生对《红楼梦》的浅尝、补缺及研究展示

 摘　要

一、文化的理解与求知

(一)"文化的理解"与"文化的启蒙"

(二)"求学"与"求知"的区别

二、文化的理解与求知的教学探索和实践——以"给高中生讲《红楼梦》的教学"为例

(一)"由浅入深"的教学策略:从"启蒙式求学"到"理解式求知"

1."一个杯子"的由浅入深

2."一件棉袄"的由浅入深

3."走路"的由浅入深

(二)从"阅读"到"创作"的教学策略:从"读懂"到"补缺"

(三)高中生《红楼梦》研读论文的撰写和宣讲决赛的风采展示

一、文化的理解与求知

（一）"文化的理解"与"文化的启蒙"

文化的启蒙，更多的是打开文化这扇大门；文化的理解，则是登堂入室、大开眼界、满室生辉。这就是两者的不同。

文化的理解，如何理解？首先要拓宽视野，对不同文化广泛涉猎，博观约取，努力提高认知水平。文化是一个复杂而广泛的概念。广义的文化，指人类社会的生存方式以及建立在此基础上的价值体系，是人类在社会历史发展过程中所创造的物质财富和精神财富的总和。狭义的文化则特指精神文化。

文化的理解，还需要积淀、发酵和转化。积淀，需要时间，并非一蹴而就。要沉得下心，要有积土成山的勇气和耐心。发酵，需要吸收并且内化。对文化不仅是涉猎，更要比较、分析、研究，从知晓到通晓，从通晓到理解，从理解到领悟。转化，既是内化也是外化。内化是通过发酵的过程，对传统文化进行继承和革新，同时也内化为个人的道德修养和认知水平；外化则是通过交流、传播、教化、规范、凝聚、实践、创造等各种方式，促进经济、科技、教育等各个领域的进步和发展。

文化的理解不也是如此吗？需要厚积薄发，更需要多角度观察，继而向不同方向传播。

（二）"求学"与"求知"的区别

"求学"侧重获取知识，而"求知"强调的是对知识的深入认识和探索研究。"求学"通常是在学校环境中的学习过程，而"求知"不仅仅局限于学校环境，它可以随时发生，以各种不同的形式发生，侧重对知识的广度与深度的追求，并且能提升发现问题和解决问题的能力。"求学"是"求知"的前提和基础，"求知"是"求学"的延伸和深化。"求学"让我们成为一个"有文化"的人，"求知"让我们成为一个"有能力"的人，可以帮助我们更好地理解文化、认识世界，进而推动社会进步。

比如，同样一个器皿——林黛玉喝茶用的杯子"点犀盉"，对于小学生来说，能够获得知识，了解有这样一种喝茶的器皿，并简单了解为什么是给林黛玉用的，达到"求学"的目的就可以了。但是对于高中生来说，就需要对这个知识进行更深入的分析和研究。例如关于这个器皿的更多知识，情节的前因后果，还有作者这样安排的别具匠心，等等，这些都值得进一步探究，而这个过程就是"求知"的过程。

再比如，同样一件衣服——薛宝钗家常穿的一件棉袄，对于小学生来说，知道这件棉袄的主人是薛宝钗，并且能够从这件棉袄看出薛宝钗的一些性格就够了。但是对于高中生来说还不够，他们可能还需要通过这件棉袄看出服饰文化，人物的性格命运，以及还蕴含了其他哪些中华传统文化。

二、文化的理解与求知的教学探索和实践——以"给高中生讲《红楼梦》的教学"为例

（一）"由浅入深"的教学策略：从"启蒙式求学"到"理解式求知"

1. "一个杯子"的由浅入深

"启蒙式求学"的教学策略：

一个杯子：

"形似钵而小，也有三个垂珠篆字，镌着'点犀盉'。"

解释一下：杯子样子像和尚拿在手里化缘的钵，但是要小很多。上面刻着篆体字，但是字的笔画是断断续续的，就像珠子串在一起。"点犀"的意思是"心有灵犀一点通"，就是很聪明的意思。

请问：这个杯子是给谁用的？（A. 林黛玉　B. 薛宝钗　C. 贾宝玉）为什么？

答案：选项 A。因为林黛玉长得很瘦弱、很小巧，而且又特别爱哭，也非常聪明，很有灵气。"垂珠"既可以指连缀着的珍珠，当然也可以暗指连缀在一起的"泪珠"了。

"启蒙式求学"教学策略的具体过程概括如下：

先出示一张杯子的图片，给学生一个直观的视觉感受；然后形容它的样子，并且同和尚化缘的钵进行大小比较，让学生对这个杯子的样子有更清晰的认识；接着聚焦到上面刻的三个字的样子，断断续续，像串起来的珠子；最后分析"点犀盉"三个字的意思，启发学生找到杯子和主人之间的相似点。整个过程并非简单说教，而是通过有声有色的趣味问答方式，引导学生积极动脑筋思考，在揭晓答案的时候让他们有一种恍然大悟的感觉。

"启蒙式求学"的教学策略并不等同于一味地追求"简单"，也有一个循序渐进、由浅入深的过程。只是浅到什么程度、深到什么程度，都需要符合学生的接受能力、认知能力和理解能力。

"理解式求知"的教学策略：

"理解式求知"的教学策略则在此基础上更进一层。

比如对杯子上刻着的"篆体字"进行介绍：杯上所刻的这三个篆体字非同一般，相传为汉郎中曹喜所创，因为笔画断续成小点，犹如串串垂珠，所以叫"垂珠篆字"。曹喜在书法史上之所以能占有一席之地，并非因为他的书法造诣"特别深"，而是他特别"有创意"。他的笔法丰富多彩，结体生动活泼，以独特的"悬针"和"垂露"而闻名。所谓"悬针篆"，就是笔画下尖直至末尾，停留而不收，形似悬针；所谓"垂露篆"，就是笔画末端作小圆点，如挂朝露。据传曹喜是第一位将这两种技法融入篆书的书法家，属于另辟蹊径。

再看它的"材质"。"点犀盉"是由上好的犀牛角制成，光照下会呈现半透明的杏黄色，玲珑剔透。不仅好看，而且珍贵。早在殷周时期就有用犀角制作酒杯的记载。《诗·周南·卷耳》："我姑酌彼兕觥，维以不永伤。"毛传："兕觥，角爵也。""兕"，《汉语大词典》解释为"雌犀"；"觥"，解释为"盛酒或饮酒器。古代用兽角制"。

令人想不到的是,犀牛角制成的酒杯还有药用价值。明代李时珍在他的《本草纲目》里记载:"犀角,犀之精灵所聚,足阳明药也。胃为水谷之海,饮食药物必先受之,故犀角能解一切诸毒,五脏六腑,皆禀气于胃,风邪热毒,必先干之,故犀角能疗诸血及惊狂班痘之症。"原来,犀牛角是清热解毒、定惊止血的一味良药。作者曹雪芹之所以将这个"点犀盉"的杯子给林黛玉使用,还因为它的药用价值。

"垂珠篆字"暗示黛玉"爱哭"的特点,"点犀盉"的材质暗示黛玉"体弱"的特点,当然也一语双关地暗示黛玉"聪慧过人"的特点。

不仅如此,"三个垂珠篆字"中的"珠"字一语双关,既可指"珍珠",又可指"泪珠"。大家都知道《红楼梦》中有绛珠仙草还泪一说:黛玉的前身是太虚幻境灵河岸边三生石畔一株羸弱的绛珠仙草,赤瑕宫神瑛侍者也就是贾宝玉的前身每日用甘露灌溉,才使得绛珠仙草得以久延岁月。神瑛侍者下凡为人,托身为贾府的公子贾宝玉,绛珠仙草无以为报,也下凡同往,化身为林黛玉,用一生的眼泪还他的灌溉之情。真正杯如其人!

一个小小的茶具,包含了书法、器皿、医药、茶等如此丰富的内涵和文化,简直是一面"多棱镜",折射出如此多彩的中华传统文化。我们透过它,惊叹于中华传统文化的博大精深。

2."一件棉袄"的由浅入深

"启蒙式求学"的教学策略:

又到了考考大家的时候了,来看看这一身衣服:

"蜜合色棉袄,玫瑰紫二色金银鼠的比肩褂,葱黄绫棉裙,一色半新不旧,看去不觉奢华。"

请问:这身衣服是谁穿的?(A. 林黛玉　B. 薛宝钗　C. 贾宝玉)为什么?

答案:选项 B。因为前面讲座讲到过,薛宝钗虽然家里很有钱,但她还是很节省的,能够不做新衣服就不做新衣服,所以这件衣服"一色半新不旧"符合她的性格。

同前面林黛玉的"杯如其人"一样,薛宝钗的这件棉袄也是"衣如其人"。

启蒙式求学,重在启蒙,启发学生思考;重在求学,传授学生知识。

"理解式求知"的教学策略:

首先是"服饰文化"的研究。

先看颜色:蜜合色,淡淡的蜂蜜的颜色,类似淡黄色。

再看棉袄的外面:罩着"玫瑰紫二色金银鼠比肩褂"。玫瑰紫,类似玫瑰的紫红色。二色金,指用不同成色的黄金打成金箔,再制成金线,呈现两种不同的颜色,泛红或泛白,交织在一起。银鼠,又叫白鼠,毛皮又软又细,十分珍贵,是做女子和儿童皮衣的绝好材料。比肩褂,与肩等宽的长背心。

再看棉袄底下:穿着"葱黄绫棉裙"。葱黄,黄中带绿。绫棉,绫即绫罗,泛指丝织品,但仍以棉布为主。

总体给人什么感觉?曹雪芹是这样概括的:"一色半新不旧,看去不觉奢华。"

经过简单分析,我们已经清楚这身衣服的大概了,现在可以猜一猜:这身衣服是谁穿的?

总体来说:颜色以黄色、淡黄色为主,温和低调。在传统文化中黄色往往代表正统,宝钗是典型的大家闺秀,淑女中的淑女。布料以棉布为主,棉袄是棉的,裙子也有棉的成分,朴素本色,但是这"低调朴素"中又透着挥之不去的富贵和娇艳。

富贵:二色金、银鼠、绫(棉)——黄金、皮料、绸缎。

娇艳:蜜合色、玫瑰紫、葱黄——淡黄,交织紫红和黄绿,温柔又不乏娇艳。

这身衣服的主人公,即便是再怎么"温柔和平"、端庄娴淑,也毕竟是青春少女,有着少女特有的娇艳和活泼。这位少女就是薛宝钗。

宝钗从不轻易做新衣裳,穿的大多是往年做的旧衣服。但即便是旧衣服,而且是随随便便披在棉袄外面的一件褂子,也是精致华贵非常。可以想见薛家曾经惊人的富贵。记得护官符上怎么写的吗？"丰年好大雪，珍珠如土金如铁。"难能可贵的是薛宝钗虽然富贵，却勤俭持家、从实守分、言行如一。

除了"服饰文化"，这件小小的棉袄还包含了深藏不露、隐忍不发的"隐士文化"等多种中华传统文化。

3."走路"的由浅入深

"启蒙式求学"的教学策略：

还是以"趣味问答"的方式进行。

因为是手抄本的关系，在手抄过程中难免有误抄，导致有了不同版本。例如，体弱多病但又美若天仙的林黛玉是怎么走路的呢？有两个不同的版本。一个版本写的是"林黛玉已摇摇地走了进来"，另一个版本写的是"林黛玉已摇摇摆摆进来了"。你觉得哪一个版本更好？为什么？

答案：第一个版本更好。"摇摇"形容走路体态轻盈，摇曳多姿，"摇摇摆摆"就显得步子不稳，像是喝醉了酒一样，当然不符合林黛玉的形象了。

抓住林黛玉走路的特点，分析比较不同手抄本之间的微妙区别，这个难度其实不低，可以培养学生敏锐的语言把握和领悟能力，立足学生语文学科核心素养的长远发展。

"理解式求知"的教学策略：

说说《红楼梦》中大观园里的"走路"问题。

大观园的"路"可不好走，一不留神可能就会摔跤。比如，刘姥姥跟着贾母和姐妹们游览大观园的时候就摔过。摔哪儿了？摔在林黛玉潇湘馆门前满是青苔的小路上。不过这一跤不要紧，爬起来就是了，还引得大家痛痛快快地笑了一场，也未尝不是一件好事。但有些路甚至是看不见的，而且更难走，如果一不小心摔倒了，可能要出大问题。

从教学策略来看，对于"走路"一词的理解已经由实到虚、由浅入深了。前面跟小学生说的林黛玉的"走路"，那就只是走路的姿势和走路时的仪态。接下来给高中生讲的走路，就非同一般了，是关于《红楼梦》中的一个小丫鬟小红的"走路"问题,走的是一条人生往上攀爬的"上升之路",一条如何成为"人上人"的"艰辛之路"。

来看这一段绕口令。

平姐姐说:我们奶奶问这里奶奶好。原是我们二爷不在家,虽然迟了两天,只管请奶奶放心。等五奶奶好些,我们奶奶还会了五奶奶来瞧奶奶呢。五奶奶前儿打发了人来说,舅奶奶带了信来了,问奶奶好,还要和这里的姑奶奶寻两丸延年神验万全丹。若有了,奶奶打发人来,只管送在我们奶奶这里。明儿有人去,就顺路给那边舅奶奶带去的。

需要注意的是,这一大段绕口令要一口气读完,不能太慢,也不能太快,举止需要得体,口齿必须清楚,而且表情还要轻松,最好面带一丝不卑不亢的笑容。最重要的是,这番话还不能看着读,要一字不差地背下来,而且是只听了一遍之后就要原原本本地背出来,在你最敬畏的人面前,错一个字都不行!并且还要补充一点:如果你做不到这些,就很可能会失去放在你面前的千载难逢的大好机会。机不可失,时不再来!这时候,你还能说你能做到吗?

但是,《红楼梦》里的一个小丫鬟"小红"轻轻松松就能做到。

其实,这段话不仅难在"说",还难在"听"。这里面一共涉及六个奶奶,藏了四五门子的话。当时,站在一边的李纨就没听懂,还说:"嗳哟哟!这话我就不懂了,什么'奶奶''爷爷'的一大堆。"但有一个人立马听懂了,这个人就是精明能干的王熙凤。

其实,这么聪明伶俐的小红曾经也走错过路:她原本是宝玉房里扫地的丫鬟,身份低贱,一心想要往上爬,想走宝玉这条捷径,结果碰了一鼻子灰。终于在大观园里,小红当时正同其他丫鬟一起说笑呢,碰上凤姐恰好要传个话,身边又恰好没人。但是别人没看见,小红第一个看见了,凤姐一招手,她就甩下众人跑了过去。从凤姐的贴身丫鬟平儿那儿回来,就一字不差、极其流利地传了这番话,表现得相当出色,抓住了这个千载难逢的好机会,成为凤姐的左膀右臂。当然,凤姐有了这么出色的小红作为帮手,接下来在贾府里更是如虎添翼了。

对于小红这个人物，笔者曾经是有偏见的，觉得她太钻营了。不过后来，笔者改变了想法，因为按照曹雪芹的原意（高鹗的续写可惜没能写到），八十回以后，小红将做成一件大事，营救了被关押在狱神庙中的贾宝玉和王熙凤。

确实，大观园的"路"都是不好走的，如果能力比小红差那么一点，就可能命运难测了。比如柳五儿，长得比小红还漂亮，是大观园的厨娘柳嫂儿的女儿。可是一步走错，步步都错，最后连小命都没了！你再想，黛玉初进贾府时最担心什么？就是怕"走错了路"，"说错了话"，所以也是"步步留心，时时在意"。一个大小姐都这样，更何况一个普通丫头！

（二）从"阅读"到"创作"的教学策略：从"读懂"到"补缺"

我们都知道《红楼梦》是一部百科全书，却也是一部"残缺不全"的百科全书。最大的残缺在小说八十回以后，整整几十回都没了，残缺了。但可能很多人不知道的是，前八十回里竟然也有两个小小的"天窗"空在那里。《红楼梦》第七十五回"开夜宴异兆发悲音　赏中秋新词得佳谶"其中一段文字是这样写的：

于是又击鼓，便从贾政传起，可巧传至宝玉鼓止。宝玉因贾政在坐，自是踟蹰不安，花偏又在他手内，因想："说笑话倘或不发笑，又说没口才，连一笑话不能说，何况别的，这有不是。若说好了，又说正经的不会，只惯油嘴贫舌，更有不是。不如不说的好。"乃起身辞道："我不能说笑话，求再限别的罢了。"贾政道："既这样，限一个'秋'字，就即景作一首诗。若好，便赏你；若不好，明日仔细。"贾母忙道："好好的行令，如何又要作诗？"贾政道："他能的。"贾母听说，"既这样就作。"命人取了纸笔来，贾政道："只不许用那些冰玉晶银彩光明素等样堆砌字眼，要另出己见，试试你这几年的情思。"宝玉听了，碰在心坎上，遂立想了四句，向纸上写了，呈与贾政看，道是

······

贾政看了，点头不语。贾母见这般，知无甚大不好，便问："怎么样？"贾政因欲贾母喜悦，便说："难为他。只是不肯念书，到底词句不雅。"贾母道："这就罢了。他能多大，定要他做才子不成！这就该奖励他，以后越发上心了。"贾政

道："正是。"因回头命个老嬷嬷出去吩咐书房内的小厮，"把我海南带来的扇子取两把给他。"宝玉忙拜谢，仍复归座行令。

当下贾兰见奖励宝玉，他便出席也做一首递与贾政看时，写道是

......

贾政看了喜不自胜，遂并讲与贾母听时，贾母也十分欢喜，也忙令贾政赏他。于是大家归坐，复行起令来。

两首中秋诗，前面一首"……"是宝玉写的，后面一首"……"是贾兰写的。贾政读了宝玉的中秋诗以后"点头不语"，贾兰于是主动请缨，贾政看了贾兰的诗以后则是"喜不自胜"。贾政的反应耐人寻味，读了贾兰的诗后"喜不自胜"，这一点不难理解，应该是贾兰的诗写得不错，作为祖父的贾政当然很开心。但是读了宝玉的诗之后，贾政的反应却是"点头不语"，难道是因为宝玉的诗写得不够好吗？应该不是，宝玉的诗才虽然比不上大观园众姐妹，但至少不会输给自己的侄子贾兰。那问题来了：为什么父亲贾政看了宝玉的诗以后反而"点头不语"呢？难道另有隐情？

可惜这类问题再也没有人能够回答了，因为不知道是因为什么原因，曹雪芹生前竟然一直没有填补这两个小小的"天窗"。脂砚斋作为《红楼梦》最重要的点评者，曾经这样旁批："缺中秋诗，俟雪芹。"连脂砚斋的提醒也没有起到作用，这个"俟"字，竟成了永远的遗憾，一等便是永远了！

不仅曹雪芹生前没有填补这两个小小的"天窗"，续写者高鹗也没有补，古往今来那么多续写者也都没有补，现在通行的版本中这两处地方仍然都用省略号替代。难道是因为难度太大了吗？或许是的。总之，这个"补缺"的机会就这样留给了每一位热爱《红楼梦》的读者，只要有足够的勇气，不妨一试。

下面是上外附中 2026 届学生谢东楠的补写作品：

秋

圆魄悠悠上翠楼，暮云收尽玉光流。

族家团聚开清宴，花月相宜尽雅游。

父兄吟咏文尤浩，童子躬逢意未酬。

他年等第凌云去，愿乘长风定九州。

【教师点评】

首先，我们不妨猜一猜：谢东楠同学创作的这首七律是为谁补写的，是为宝玉，还是为贾兰？

首联："圆魄悠悠上翠楼，暮云收尽玉光流。"

"圆魄"，指的是月亮，是月亮的雅称之一。唐代李峤《中秋月二首》中有："圆魄上寒空，皆言四海同。"宋代刘克庄《念奴娇》一词中有："天风浩动，扫残暑、推上一轮圆魄。""圆魄"一词是什么意思呢？"圆"应该是"月圆"的意思，贾府中秋赏月，当然月最圆。"魄"应该是古人对月亮的一种特别的认识，他们认为月亮明亮的部分，就是其内部的"魄"所发出的光芒。人有魂魄，原来月也有魂魄，多么奇妙的想象。细读首联，一轮圆月慢慢悠悠地升上翠楼，傍晚的云自然而然地收起了霞光，直到收尽为止，时间就这样悄悄流逝。

颔联："族家团聚开清宴，花月相宜尽雅游。"

从首联的写景，转入颔联的写人。原来是贾府清新雅致的中秋团聚宴席。"清宴"一词与下联的"雅游"对仗，美则美矣，只是作为家宴来说似乎有些过于雅致了。

颈联："父兄吟咏文尤浩，童子躬逢意未酬。"

点明写诗原因。"浩"是丰富、众多的意思，父亲和兄长吟咏的诗文特别丰富，作为小孩子，或者说应试考生的"我"，有幸亲历盛世，想到了自己的抱负还没有实现。从上联的"父兄"二字可以推断，此诗作者应该是贾兰，而不是宝玉。不过这里有一个小小的疏漏：在贾兰作诗之前，宝玉确实已经作了一首诗，但宝玉是贾兰的叔叔，而不是兄长。贾政没有作诗，只是说了一个有些庸俗的笑话；而且贾政也不是贾兰的父亲，而是祖父。

尾联："他年等第凌云去，愿乘长风定九州。"

尾联中用了"他年等第"，而不是"他年及第"，有什么区别？等第：唐代的进士由京兆府考试后再择优保送礼部考试的。及第：科举考试用语。明清两代只殿试一甲一、二、三名赐进士及第。尾联写的是"等第"，而非"及第"，可见写此诗的人应该比较小心谨慎，不敢口出狂言。所以据此也可以推断，此诗应该是为贾兰而写，因为他辈分低于宝玉，宝玉是叔叔，贾兰是侄子，叔叔已经有诗在先，侄子如果说自己他年会及第，就显得放肆了。

总体来说，谢东楠同学为贾兰补写的这首中秋七律，几乎可以以"假"乱真了，这样的雄心壮志和斐然文采，足够让祖父贾政欣喜宽慰的了。贾兰的父亲贾珠英年早逝，所幸留下了遗腹子贾兰。对于贾政来说，虽然儿子贾珠去世，但贾珠的儿子贾兰却很争气，不仅勤奋好学，而且才华已经显露。即便诗作未必完美，但已经足矣。

突然想到，莫非谢东楠同学此诗中的某些疏漏是刻意为之？是为了更好地塑造贾兰这个人物形象？诗作如果写得太完美了，反而不真实，不符合贾兰的人物特点。贾政读了贾兰的这首七律后"喜不自胜"，主要还是因为孙子贾兰年龄尚小，却志向不小，才情也已经"小荷才露尖尖角"了。当然最重要的还是这首诗的寓意特别好，第七十五回时的贾家已经开始显现败落的迹象，而"愿乘长风定九州"，希望乘着长风使天下安定，岂不是预示了整个家族将重新飞黄腾达？如此好的寓意，贾政当然要与贾母分享，果然贾母听后也十分欢喜。

当然，这些都是我们的猜测，贾政同贾母说了什么，曹雪芹的原著没有写，贾兰到底作了什么诗，曹雪芹的原著也没有写。所以，我们现在的"补缺"更多是为了"弥补缺憾"。

那么，补写此诗的作者谢东楠同学又是怎么想的呢？

【谢东楠同学自述创作构思】

我这么写贾兰这首诗的原因大致有以下几点：第一，主旨选择。原文有贾政看了更加欢喜，因此可以推断这首诗的主旨应该是贾政喜欢的，也就是儒家积极进取、追求功名的思想。而我个人也去了解过，听了一些著名作家的分析，认为曹雪芹此处不把这两首诗写出来，是因为他不屑于这类酬和诗。第二，诗的体裁。我选择了比较擅长的七律，因为篇幅较长，可发挥的余地更多，且内容简单。我的想法就是由中秋景色，写到家族团聚，最后再赞颂父兄的才气和抒发自己积极进取的精神。

宝玉的这首诗主题就比较难确定了。宝玉听了题目后"碰在心坎上"，意味着他所写出来的诗一定不是违心的，应该是他比较喜欢的风格。然而贾政对这首诗的反应是"点头不语"，无甚大不好，因此这首诗贾政也能够接受。这样一来，这个主题需要平衡宝玉的放荡不羁——一种出世的仙子风范以及贾政的封建礼教和对考取功名的积极进取。最后我思考下来，合适的主题只有一个：宝玉以一种极富文学性的方式描绘秋景。可以是宝玉将秋天比作一个美妙的仙女，染黄了菊花，烧红了枫叶，表达自己对自然美景的赞叹。这种灵动的写法既符合宝玉的"仙气"，又能够为贾政的世俗观念所认可。

确实如此，宝玉诗作的补写难度似乎更高，因为贾政耐人寻味的反应"点头不语"，笔者感觉原因可能比想象的更加复杂，会不会有暗示家族命运的因素在里面呢？

我们来看另一名上外附中 2026 届学生夏天为贾宝玉补写的一首绝句：

秋

烟香晶艳定非秋，不与兰釭争俏流。

望月何须伤静婉，今宵霜迹幸无留。

【夏天同学自述创作构思】

体裁分析：

诗分题材和体裁。据上下文，很明显可发现此诗体裁是绝句，而绝句分五绝、七绝。宝玉几乎从未作过五绝，据本人统计，书中绝句多为七绝，故猜测其为七绝。贾政限了"秋"字，故一定押平水韵中的十三元韵，不在话下。本诗通篇遵守平水韵，可自行查证。

题材分析：

而于题材而言，则须从上下文入手。题材亦可分为情感与内容。内容贾政已定死，是"限一个'秋'字，就即景作一首诗""只不许用冰玉晶银彩光明素等样堆砌字眼，要另出己见，试试你这几年的情思"。

"即景"中的景，在前文已经有了描写："当下园之正门俱已大开，吊着羊角大灯。嘉荫堂前月台上，焚着斗香，秉着风烛，陈献着瓜饼及各色果品。邢夫人等一干女客皆在里面久候。真是月明灯彩，人气香烟，晶艳氤氲，不可形状。地下铺着拜毯锦褥。"而赏月所在地凸碧山庄则是："从下逶迤而上，不过百余步，至山之峰脊上，便是这座敞厅。因在山之高脊，故名曰凸碧山庄。于厅前平台上列下桌椅，又用一架大围屏隔作两间。凡桌椅形式皆是圆的，特取团圆之意。上面居中贾母坐下，左垂首贾赦、贾珍、贾琏、贾蓉，右垂首贾政、宝玉、贾环、贾兰，团团围坐。只坐了半壁，下面还有半壁余空。"

首句及与温庭筠联系分析：

故第一句前四个字先取"月明灯彩，人气香烟，晶艳氤氲，不可形状"一句浓缩铺陈。虽然此句犯了贾政所言"只不许用冰玉晶银彩光明素等样堆砌字眼"，但归根到底是为了衬托出此时的景丝毫没有"自古逢秋悲寂寥"之意，而是亲人团聚、把酒言欢的团圆之日，与悲秋之气毫不相干，总算是"另出己见"，且正好与前文"香烟""晶艳"几个字照应，符合"宝玉听了，碰在心坎上，遂立想了四句"。

取这四个字铺陈的另一个重要原因是后文。

不料这次花却在贾环手里。贾环近日读书稍进，其脾味中不好务正也与宝玉一样，故每常也好看些诗词，专好奇诡仙鬼一格。今见宝玉作诗受奖，他便技痒，只当着贾政不敢造次。如今可巧花在手中，便也索纸笔来立挥一绝与贾政。贾政看了，亦觉罕异，只是词句终带着不乐读书之意，遂不悦道："可见是弟兄了。发言吐气总属邪派，将来都是不由规矩准绳，一起下流货。妙在古人中有'二难'，你两个也可以称'二难'了。只是你两个的'难'字，却是作难以教训之'难'

字讲才好。哥哥是公然以温飞卿自居,如今兄弟又自为曹唐再世了。"

既然贾政讽贾环"曹唐再世",而其内容"专好奇诡仙鬼一格""词句终带着不乐读书之意""发言吐气总属邪派,将来都是不由规矩准绳",与曹唐"曾为道士,好游仙问道"一格相匹,可推断贾环多用了曹唐的典故。而讽刺贾宝玉"以温飞卿自居"。温飞卿即温庭筠。其生平不消说,是唐末花间词派鼻祖,才思敏捷,长于词赋、音乐,作品以秾艳华丽为特色。可知宝玉极有可能模仿或化用了温庭筠的典故或诗句,其风格也肯定有相似之处,因而,前四个字模仿花间词派的排比铺陈情有可原。

第二句及贾政态度分析：

第二句起因在于贾政所说的"只不许用冰玉晶银彩光明素等样堆砌字眼",可知咏的一定是月了。也可以从后文贾政对于这首诗的态度发现端倪："贾政看了,点头不语。贾母见这般,知无甚大不好,便问：'怎么样?'贾政因欲贾母喜悦,便说：'难为他。只是不肯念书,到底词句不雅。'"若是特别好,贾政不会"因欲贾母喜悦"才发声赞叹宝玉,而是直接委婉表扬。可见此诗虽然另有新意,但并不合贾政胃口。贾政可算得上是封建家主,其反对的多半是贾宝玉这类不爱世俗之格,故宝玉此句可能称颂了与贾政不合的价值观,姑且填这句上去,也符合宝玉轻视凡尘、超凡脱俗的品性,顺带歌咏月亮并不屑于和华灯争奇斗艳。选用"兰釭"是为了和贾兰作对应,暗指自己之后不会和贾兰一样走仕途,不会陷于风俗(毕竟结局也未交代明了,且姑存之)。而"釭"字也是为了和宝玉喜雍容华贵的诗格照应,也可与其四首即事诗(《春夜即事》《夏夜即事》《秋夜即事》《冬夜即事》)照应。

末两句及采用典故分析：

末两句是为了与温庭筠搭上关系。本人从网上下载了温庭筠作的和月、秋有关的诗句,分别找到了大约 100 首与 50 首,逐一排查,并结合诗歌品次、知名度及表达的思想情感,斗胆猜测曹雪芹可能使用了《商山早行》中"鸡声茅店月,人迹板桥霜"一典。同时,还检索到了《张静婉采莲曲》(并序)的"船头折藕丝暗牵,藕根莲子相留连。郎心似月月易缺,十五十六清光圆"。

可见贾宝玉与张静婉确实有极大相似之处。贾宝玉原来为顽石,后被僧道携入红尘,享尽荣华富贵。然而,封建制度却也阻隔了他与林黛玉的爱情,最终一个泪尽而逝,一个遁入空门。贾宝玉被迫和薛宝钗成婚,却"都道是金玉良姻,俺只念木石前盟",和张静婉的"郎心似月月易缺,十五十六清光圆"心意十分相似,且温庭筠相应诗作也有对封建礼教的蔑视和不平等制度的控诉,因而用这个典故较为恰切,和宝黛钗三人的爱情关系也有照应。

末句运用《商山早行》中的"鸡声茅店月,人迹板桥霜"典故,原诗表达的是"客行悲故乡"的离别家乡的羁旅悲愁,而这里反其意而用之:今日众人团圆,不须客行他乡,表达对于人月共圆的美好情感。

【教师点评】

夏天同学的诗歌创作,更像是研究论文的成果,只是这成果用一首七绝的形式来展现。

不仅是为贾宝玉的诗作"补缺",更是为贾宝玉补缺的诗作"注解"。不是为了创作而创作,而是为了补遗而创作,为了圆梦而创作,为了探究而创作。而为贾宝玉补缺的这首七绝,几乎成了所有研究水到渠成的必然结果。

先从小说情节的前因后果来推断,再从小说人物的性格命运来推断,甚至别出心裁地将贾宝玉与他喜欢的温庭筠诗作中的某一人物来进行横向比较、跨界比较,并且反其道而用之,将悲情转变为欢意!须知:曹雪芹留下了两个"天窗",作为后人的我们,只能推断,难以定论。也正因为如此,曹雪芹为我们后人留下了很多发挥的余地,任由我们驰骋想象、挥洒才情,他只笑而不语。

再细读夏天同学的这首七绝,笔者以为有几处尤其可圈可点。

第一句"烟香晶艳定非秋",似乎是在故意与贾政抬杠,贾政不让用"冰玉晶银彩光明素等样堆砌字眼",诗中却偏偏用了"烟""香""晶""艳"等华美堆砌字眼。但紧接着又说"定非秋",否定了这些字眼,说它们"一定不是""秋"

真正的特点。既点了题——一个"秋"字，又一波三折、巧妙地肯定了父亲贾政的观点，难怪贾政看了以后要"点头"了。

第二句"不与兰钰争俏流"，"兰钰"，意思是"燃兰膏"的灯，用以指精致的灯具。此句的意思可谓一语双关，既指月光不屑于与华美的灯光争奇斗艳，也指贾宝玉自己不愿意与侄子贾兰在举业和仕途上一决高下。"兰"指"兰膏"，也指"贾兰"。难怪贾政看了以后要"点头不语"了，并且评价说"只是不肯念书，到底词句不雅"了。

第三句"望月何须伤静婉"，贾宝玉看似在自伤自怜，其实是反问语气，根本没有必要自伤自怜，一下子又扭转了哀情。毕竟合家团圆的中秋时节，望月因为是满月，应该高兴才对。不过，笔者对此稍有异议，"静婉"似乎与"黛玉"更为相似，宝玉用"静婉"自比，好像有些别扭。

第四句"今宵霜迹幸无留"，化用了温庭筠《商山早行》中的"人迹板桥霜"一句，但也是反其意而用之，无须早行，无须远行，有幸团圆。只是，这样的反转其实有些牵强，有刻意为之的痕迹。第三句的"伤"，第四句的"霜"，都是不祥之词，虽然极力扭转，但仍然留下了一丝不祥之气。所以贾政看了以后会是什么心情呢？"贾政因欲贾母喜悦，便说：'难为他。只是不肯念书，到底词句不雅。'"可见，贾政心里其实是有些不快的，造成这种不快的原因，应该不是宝玉的不争气，而是担心宝玉的诗一语成谶！

说到这里，似乎突然有些顿悟了，原来夏天为宝玉写的诗里藏着一些天机，一些不能泄露的天机。即便再怎么试图扭转天机，最后证明也只是枉然。

最后再回到前面为贾兰补写的诗作，宝玉的诗在前，贾兰的诗其实在后。我们两相比较，或许更能体会贾政的心情。贾政读了贾兰的诗以后是"喜不自胜"。为什么这么高兴？贾兰的诗似乎还没有宝玉的诗写得好。原因几乎是不言而喻的：贾政先读了宝玉的诗，觉察到了诗里隐含的先兆，虽然宝玉的每句诗都在努力反转——"定非""不与""何须""幸无"，但仍然难掩颓势。然后贾政读了贾兰毛遂自荐写的诗，尤其是最后两句"他年等第凌云去，愿乘长风定九州"，真正一扫阴霾，让贾政扬眉吐气，所以连贾母也"十分欢喜"！其实,贾兰最后也确实是说到做到了——"到头谁似一盆兰",最终还是靠贾兰的一己之力使贾府中兴,而宝玉最终选择了出家。

谢东楠和夏天两名同学通力合作,为《红楼梦》的这两首诗"补缺",可敬可佩,可喜可嘉!

(三)高中生《红楼梦》研读论文的撰写和宣讲决赛的风采展示

2024年12月11日,上外附中高二年级《红楼梦》整本书阅读研究性学习宣讲决赛在艺术中心举行。经过班内角逐,高二年级六个班级分别选出各自的代表小组。最终进入决赛的六组学生从不同角度、不同内容出发,探讨《红楼梦》这部文学巨著。

决赛由高二(2)班夏天、高二(3)班刘欣洋同学主持,题目由高二(6)班虞玥同学题写。

其一,《红楼梦》中的道家美学。

《红楼梦》蕴含丰富的道家美学精神。道家追求自然、无为而治,这种思想在小说中体现为对自然美的崇尚和对人物命运的淡然态度。高二(1)班的同学从不同意象入手,生动阐释了《红楼梦》中的道家美学的继承、发展等问题。

其二,风霜褪朱色,蓬蒿映繁花——浅谈《红楼梦》之权力底色。

高二(2)班的同学从四大家族整体与个体的权势切入,走进曹雪芹笔下悲欢交织的世界。在揭示权力之残酷的同时,也点出了人作为承载权力之客体受到异化的本质。最终回归主线,品味权力底色下鲜明真挚的青春光彩。

其三,红楼脂影——"一芹一脂"遗千古之绝唱。

高二(3)班的同学引领我们穿梭于《红楼梦》的翰墨深处,探寻脂砚斋的神秘身份。他们以曹雪芹的人生故事为底本,以"叔父说""妻子说""作者说"三大学说为线索,勾勒出二者之间扑朔迷离的关系图谱,揭示脂批对这部文学瑰宝的深刻影响。与此同时,他们分享了对于探究性学习的感悟——你是否也能听见红楼之梦的回响?一切的心酸和感怀,终有一天会在执念中消散。

其四，入画知风色，拨花见景空——"色空"视角下的红楼世界。

高二(4)班的同学讲述了《红楼梦》的"色空"视角，借惜春绘制的大观园行乐图，展现贾府的兴衰，揭示"色"与"空"的辩证关系。黛玉葬花之悲、元春省亲之叹，皆体现"色"中藏"空"的哲理。曹雪芹以个人经历和时代背景赋予作品深刻的"色空"意蕴，折射出对人生无常、枯荣与共的洞见。

其五，海棠违时开，美梦气数尽——《红楼梦》中的女性悲歌。

高二(5)班的同学通过"林黛玉未成的桃花社"与"薛宝钗无缘的青云天"，比较分析钗黛"双姝"的异同。从黛玉"并非低头葬花，而是昂首问天"的不屈反抗与宝钗的"冷香融热毒，好风送青云"高处不胜寒的理想，探究个人选择与社会制度等因素对女性命运的影响。曹雪芹用她们的故事讲述着封建制度下一代代女性的泣血控诉，用她们的命运告诉我们，在那样的时代，美丽的梦终究会破碎。

其六，《红楼梦》中的游戏文化——从书中情节到现场体验。

高二(6)班的同学聚焦《红楼梦》中的游戏文化，探讨了这些游戏如何映射出人物性格、命运及社会各阶层的互动。古代游戏，不仅是消遣，也是一种文化传承，更是社会身份的象征。《红楼梦》中的文字游戏和娱乐活动，反映了上层社会的日常休闲情况和时代风俗，同时承载了深刻的文化意蕴。他们强调了在现代社会中保护和传承古代游戏的重要性，以及它们在增强中华文化认同中所起的作用。

《红楼梦》整本书阅读研究性学习宣讲决赛一等奖和二等奖

一等奖

高二(3)班"红楼脂影——'――芹一脂'遗千古之绝唱"

（宣讲人为上外附中 2026 届学生：任奕允、阮奕晨）

扫码看
宣讲视频

二等奖

高二(5)班"海棠违时开，美梦气数尽——《红楼梦》中的女性悲歌"

（宣讲人为上外附中 2026 届学生：丁晨玥）

高二(4)班"入画知风色,拨花见景空——'色空'视角下的红楼世界"

(宣讲人为上外附中 2026 届学生:杜俣辰、黄翊高)

第三节 文化的传承与求智
——《〈乌有先生历险记〉后记》

+·+·+·+·+·+·+·+·+·+·+·+·+·+ 摘 要 +·+·+·+·+·+·+·+·+·+·+·+·+·+

一、文化的传承与求智

(一)从文化的"启蒙"到"理解"再到"传承"

(二)从文化的"求学"到"求知"再到"求智"

二、以《乌有先生历险记》和《〈乌有先生历险记〉后记》为例

(一)解读《乌有先生历险记》以传承

(二)续写《乌有先生历险记》以求智

+·+

一、文化的传承与求智

(一) 从文化的"启蒙"到"理解"再到"传承"

如果说文化的启蒙是打开文化这扇大门,文化的理解是登堂入室、大开眼界、满室生辉,那么,文化的传承则好比是高屋建瓴、薪火相传。

文化的传承,传承什么? 首先,传承的是中华传统文化的核心价值观和道德观。其次,传承的是语言文字、历史知识、风俗技艺等传统文化和艺术。

文化的传承,如何传承? 有家庭传承、学校教育传承、社会活动传承等各种传承途径。其中学校教育可以通过课程设置、教材教学、作业布置,通过听讲、交流、阅读、写作,通过求学、求知、求智,从被动到主动、从浅层到深层、从了解到理解再到创造,努力完成文化传承的使命。

（二）从文化的"求学"到"求知"再到"求智"

从字面上看，"求学"侧重学习知识，"求知"侧重知识的探究，"求智"侧重智慧的获得。"求学"和"求知"，更多求之于外；"求智"则更多求之于内，然后再由内而外、推己及人，提升自我，又推动他人。

"求学"让我们成为一个"有文化"的人，"求知"让我们成为一个"有能力"的人，"求智"让我们成为一个"有智慧"的人。三者互促互补，相辅相成。

二、以《乌有先生历险记》①和《〈乌有先生历险记〉后记》为例

（一）解读《乌有先生历险记》以传承

张孝纯先生创作的《乌有先生历险记》，就是对中华传统文化很好的传承。

首先是语言文字的传承。《乌有先生历险记》的作者张孝纯先生，为了便于高中学生掌握好高考文言文的字词和语法，通篇用文言文撰写了一则情节跌宕起伏、充满悬念的故事。这个故事几乎囊括了当时中学课本中全部的文言词法、句法知识，同时每段故事都配备了相关的字词练习，对于学生掌握和复习中学文言知识大有裨益。张孝纯先生用自己深厚的文言文功底，为汉语言文化尤其是古代汉语的传承奠基铺路，也希望年轻的学生能够继承衣钵，继续传承并发扬下去。

其次是传统文化的传承。其中一个就是隐喻文化。古人常常通过人名来暗示人物的特质或者命运，或寄予其他的特殊寓意。比如，《乌有先生历险记》中的三个主要人物"乌有先生""子虚长者"和"亡是公"就是沿用、化用了西汉司马相如《子虚赋》中的人物"乌有先生""子虚"和"亡是公"的名字。二者人名几乎一样，都运用"谐音"来暗示故事"子虚乌有"、凭空虚构的特点，具有相当巧妙的隐喻性。

最后是精神品质的传承。中华传统文化的核心价值观包括仁爱、中庸、和谐、诚信、孝道、谦逊、勇敢、俭约、勤勉、好学、高洁、旷达、乐观、重情、仗义、

---

① 张孝纯：《〈乌有先生历险记〉练习设计》，载张国生、丁之凤编《大语文教育论集》，人民教育出版社，2001，第425—428页。

淡泊名利等许多优良品质。这些可贵的精神品质至今仍然指导着我们的一言一行,也推动着社会和谐、健康地发展。

司马相如《子虚赋》讲述的是楚国的"子虚"出使齐国,随齐王一起出猎。打猎完毕,子虚前去拜访"乌有先生",想要向他夸耀此事,恰巧"亡是公"也在场。于是"子虚"在讲述过程中,极力铺排楚国的广大丰饶,以至于云梦也不过是其后花园小小的一角。如此夸夸其谈,引起了"乌有先生"的不满,"乌有先生"便以齐国之大海名山和异方殊类来傲视和批判"子虚",来维护齐国的威望。

《史记会注考证》中写道:"相如以'子虚',虚言也,为楚称;'乌有先生'者,乌有此事也,为齐难;'无是公'者,无是人也,明天子之义。故空借此三人为辞,以推天子诸侯之苑囿。其卒章归之于节俭,因以风谏。"

《子虚赋》和《上林赋》是姊妹篇,合称《天子游猎赋》,是汉代文学正式确立的标志性作品。《子虚赋》前两个部分列述奢侈淫游的种种夸张表现,后一部分揭示骄奢淫逸的种种危害。作者"以颂作讽",委婉劝诫君王要廉俭守节,这也正是中华传统文化的核心价值观之一。

再看张孝纯先生的《乌有先生历险记》,又体现了哪些中华传统文化的核心价值观呢?我们逐段来看:

(1)**乌有先生**者,中山布衣也。年且七十,艺桑麻五谷以为生,不欲与俗人齿,毁誉不存乎心,人以达士目之。海阳**亡是公**,高士也,年七十有三矣,惟读书是务。朝廷数授以官,不拜,曰:"边鄙野人,不足充小吏。"公素善先生,而相违期年未之见已,因亲赴中山访焉。

开篇第(1)段:介绍了两个主要人物——"乌有先生"和"亡是公"。这里的"亡"是通假字,通"无","亡是公"也就是"没有这个人"的意思;"乌有先生"当然就是"没有先生"的意思。作者想通过人名来巧妙暗示这个故事中的人物和情节都是虚构的,在现实生活中根本"子虚乌有"。

接着介绍这两个主要人物的基本特点:乌有先生是中山的一介布衣,以种植五谷等为生，品性高洁，喜欢和高士交往。而亡是公就是一位高士，只喜欢读书，不屑于做官。这两人都已经是古稀老人了，素来是好友，只是已经一年多没有见面了，所以亡是公打算亲自到中山去拜访老友乌有先生。

在第(1)段中，我们可见哪些传统的优良品质？那就是乌有先生的旷达、高洁，亡是公的好学、清高、对朋友的有仁有义。

(2)二叟相见大说。先生曰："公自遐方来，仆无以为敬，然敝庐颇蓄薄酿，每朔望辄自酌，今者故人来，盖共饮诸？"于是相与酣饮，夜阑而兴未尽也。翼日，先生复要公饮，把酒论古今治乱事，意快甚，不觉以酪酊醉矣。薄莫，先生酒解，而公犹僵卧，气息惙然，呼之不醒，大惊，延邻医脉之。医曰："殆矣！微司命，孰能生之？愚无所用其技矣。"先生靡计不施，迄无效，益恐，与老妻计曰："故人过我而死焉，无乃不可乎！雅闻百里外山中有子虚长者，世操医术，人咸以今之仓、鹊称之。诚能速之来，则庶几白骨可肉矣。惟路险，家无可遣者，奈之何！"老妻曰："虽然，终当有以活之。妾谓坐视故人死，是倍义尔，窃为君不取也，夫败义以负友，君子之所耻。孰若冒死以救之？"先生然之，曰："卿言甚副吾意，苟能活之，何爱此身？脱有祸，固当不辞也。"遂属老妻护公，而躬自策驴夜驰之山中。

第(2)段：两位老友终于见面，自然分外投缘，乌有先生因为老朋友亡是公远道而来探望自己，特地拿出美酒共饮。连饮两天，老友亡是公不胜酒力，竟然僵卧不醒了。这可急坏了乌有先生，虽然想尽办法，马上请来了医生，可惜也救不醒亡是公。于是乌有先生打算冒着生命危险，亲自去寻找山中名医"子虚长者"，来挽救老友性命。与妻子商量并且拜托妻子在家照顾好亡是公后，乌有先生策马夜驰，赶赴山中。

在这一段里，乌有先生知恩图报、仗义献身的精神令人感动——为了挽救老友性命甚至甘愿牺牲自己。如果说亡是公是一个重情重义的人，那么乌有先生更是如此，两人可谓惺惺相惜。

(3)时六月晦，手信而指弗见，窥步难行，至中夜，道未及半。未几，密云蔽空,雷电交加。先生欲投村落辟焉,叩门而人皆弗之内,方踌躇间,雨暴至。徒忆及曩昔尝过此,村外有一兰若,遂借电光觅得之。入其门,登其陛,见殿扉虚掩,有小隙,将入。倏然迅雷大作,电光烨烨,洞烛殿堂,则见一缢妇县梁柱间,被发诅颈,状甚惨。先生卒惊,还走宇下,心犹悸焉。俄见寺门大辟,一女鬼跃掷而入,惊雷破壁,电闪不绝。先生自念:得无缢妇为之与?于电光下孰视之,则女鬼满面血污,抱一死婴,且顾且号,若有奇冤而无所愬者。先生冯驴伏,屏息不敢少动。已而,驴惊鸣,女鬼觉之,怒目先生,欲进复却者三。先生胆素壮,自思:人言遇鬼则死,死亦不过为鬼耳,何惧为?遂执策厉声曰:"女鬼邪,抑人邪?"女鬼凄然长啸,森然欲搏之。先生毛发上指,急击之以策,中鬼首,立仆。乃引驴奔寺外,疾驰而去。

第(3)段:正是六月最后一天,伸手不见五指,加上暴雨突至,乌有先生只能临时找地方投宿。正打算到寺庙借宿,结果看到寺庙里有妇女悬梁上吊,正害怕间又见抱着死婴的女鬼破门而入,女鬼一边看一边哭。见女鬼扑将过来,乌有先生索性壮着胆子将女鬼打倒在地,然后疾驰而去。

此段可见乌有先生的哪些优秀品质?那就是勇敢、镇定和机智。试想,有谁在深更半夜、雷电交加时看见女鬼不会被吓个半死?但乌有先生却能镇定到屏息不动。在女鬼发现他准备向他进攻时,乌有先生却还能用"神逻辑"来为自己壮胆,甚至还怒斥女鬼。当女鬼想要森然搏之时,乌有先生竟然还能勇敢反击,并且精准打击,然后迅速逃跑。这不就是传说中的"有勇有谋"吗?

(4)质明始霁,罢甚,然念及亡是公存亡莫卜,欲亟至山中,不敢息。逾午,始入山,山口有茅店,询之,知长者居山之阴,而连山纵横,略无阙处,遂以驴寄逆旅主人家而徒焉。山行十里许,忽闻山林中一声呼哨,斯须而强人列陈阻于前,为首者庞然修伟,黑面多须。从者无虑数十骑,而步卒百余继其后,皆披甲执兵。其一吼曰:"大王在,胡不跪!"先生趋避不及,遂就禽。为首者下马坐巨石上,两展其足,案剑瞋目,声如乳虎,曰:"汝来前!孤,山主也。

据山称雄，尔来十余载矣，官军不敢犯孤境。尔何物狂夫，擅入吾寨，其欲血孤刀乎！"先生蛇行匍匐以进，跽而泣曰："请诉之，愿大王垂听。小人中山布衣也，友人病危，吾不忍坐视其死，入山诣子虚长者，以延友人之命，仓皇不能择路，是以误入大寨，罪当死。身死固不足惜，特以不能延医活友为恨耳，惟大王哀之。"言已，涕如雨下。为首者曰，"然则，君义士也。"顾谓徒属曰："杀义士，不祥莫大焉。释之，以成其志，且劝好义者！"又谓先生曰："吾等虽啸聚山林，非草寇之比，君勿惧。子虚长者，仁人也，居山之阴，君须跻山之颠而北下，始得至其家。速诣之，以救乃友；然长者每采药千山万壑间，吾辈亦鲜遇之，虞君不得见耳。"先生再拜致谢而后去。

　　第(4)段：乌有先生刚刚脱险女鬼，这里又遇山贼，正以为命将不保，没想到这位山贼大王倒是位仗义之士。听闻乌有先生冒死救友，山贼不仅不杀他，反而指明了子虚长者的居处，希望能助乌有先生一臂之力。

　　山贼称乌有先生为"义士"，称子虚长者为"仁人"，并且因为乌有先生的仗义不仅不杀他，还为他指明方向，可见这位山贼也颇有一些"义气"。山贼尚且如此，可见中华传统文化中的许多优良品质，比如仁爱、侠义等，都已经深入骨髓了。

　　(5) 进，山益深，失路。先生缘鸟道，披荆棘，援藤葛，履流石，涉溪涧，越绝壁，登之弥高，行之弥远，力竭而未克上。忽见虎迹，大如升，少顷闻巨啸，四山响震，林泉战栗。声裁止，而饿虎见于林莽间，眈眈相向。先生自为必死，叹曰："不意今乃捐躯此兽之口！"

　　第(5)段：乌有先生在山中寻路，克服重重困难，正精疲力竭之时，不想又再次遇险，这次遇到的竟是饿虎。乌有先生此时万念俱灰，心想这回必死无疑。这一路上，先是遇女鬼，继而遇山贼，现在又遇饿虎，三次遇险，一波三折，难怪叫"乌有先生历险记"了。

　　只是，一路支撑着乌有先生"缘鸟道，披荆棘，援藤葛，履流石，涉溪涧，越绝壁"的精神支柱是什么？还是"老友"亡是公的性命！他将朋友的性命看得比什么都重要,所以才爆发出了惊人的意志力和潜力。

(6)方瞑目俟死,闻虎惨叫,怪而视之,盖一矢已贯其喉矣。寻见一长者挟弓立崖上,衣短褐,著草履,不冠不袜,须眉悉白,颜色如丹,俨然类仙人。先生趋而前,拜谒长者,不敢慢。长者诘曰:"若何为者也?奚自?何所之?"先生具白所以及所从来。长者笑曰:"子虚者,吾之氏也。寒舍在途,不可不入。"遂引至其家,杀鸡为黍以食之。先生请曰:"事迫矣!乞长者速往,冀有万一之望。不者,时不逮矣。"长者询曰:"病者孰与君少长?"曰:"长仆四岁。"又问病状,曰:"毋庸忧!旦日,吾当与君具往。"先生言路险,恐迟滞时日。长者曰:"后山有坦途,抵中山,第半日耳。"侵晨,遂携药囊乘健驴与先生同行。无何,至山口,先生取己驴与长者并驱而循大道。涂经乡所入兰若,先生因述遇鬼事,指示曰:"此寺,吾之所遇鬼也。予当死之矣。"长者笑曰:"嘻!先生不亦惑乎!鬼神者,心之幻景耳,安能受人祸!足下知者,曷为信此哉?"逢寺旁有田父五六人,辍耕坐陇上。长者偕先生就而问焉,并述向之所见。田父掩口胡卢而笑,曰:"君误矣!彼缢妇者,吾村王氏妾也,不为恶姑、嫡妇所容而自经焉。子所见女鬼者,吾村李氏妇也。家素贫,今岁饥,赋敛又重,衣食不给,夫新丧,其子昨又夭矣。妇抢呼欲绝,悲极而入邪魔,夜半病作,发其子之坟取尸以归。自言其首为寺鬼所伤。君无问,何由知其乃先生为也?"言已,皆大笑。

第(6)段:正在乌有先生绝望等死的时候,不想因祸得福,恰巧遇到了家就在附近的子虚长者。子虚长者不仅医术高明,而且箭法了得,一箭射死了饿虎,挽救了乌有先生的性命。两人相见如故,乌有先生告诉子虚长者此行目的。子虚长者答应前往救治,并且告诉乌有先生,如果从近路走坦途,只需半日就能到乌有先生的家。第二天一早两人一同出发,途中竟还解开了原先遇鬼的谜团:其实世上哪有什么鬼,上吊的女子和女鬼般的女子不过都是两个可怜人,前者因处境可怜而死,后者其实根本没死,而且被乌有先生打伤后,还一直以为乌有先生才是鬼呢。原来,鬼作人时人亦鬼,无为有处有还无!

尤其是这位"子虚长者"，不愧被称为"今之仓、鹊"，不仅医术高明，更是豁达坦荡，对于生死和鬼神的看法都极为通透："鬼神者，心之幻景耳，安能受人祸！"只要心中无鬼，世上便没有牛鬼蛇神。这种极为通达的思想，甚至超越了当时的时代。

（7）及反，亡是公犹未醒。长者诊之，曰："是非疾也，困于酒耳。酒出中山，一醉千日。若习饮之，故无异；此翁，他乡客，安能胜此杯杓也？"取针刺血数处，又然艾灸之。须臾。公觉，谢曰："蒙长者生我，再造之功也，恶能报？"长者曰："公本无疾，老朽何功之有？"先生以金帛奉长者，辞不受，曰："吾家世业医，止济世活人耳，何以金帛为？余岂好货贾哉？"遗药数剂，不索直而去。亡是公复留兼旬而后别，惟不敢纵饮矣。

最后第（7）段：皆大欢喜。子虚长者用传统医术唤醒了亡是公，注意不是"救活"，而是"唤醒"，因为在子虚长者看来，亡是公本来就没有病，不过是长醉不醒。不仅医术高明，而且谦冲自牧，谢绝酬谢后的子虚长者飘然离去。作者在最后还留下了幽默的一笔：从此以后，亡是公再也不敢纵饮了。故事完美结束。

在故事的最后，子虚长者再次体现了其高风亮节——高明、谦逊、不争、淡泊名利，救人性命却不受金帛、不居其功。

纵观张孝纯老师撰写的整个故事，中华传统文化中的许多优秀品质几乎贯穿了全文，和司马相如的《上林赋》和《子虚赋》相比，似乎有过之而无不及。仁爱、中庸、和谐、诚信、孝道、谦逊、勇敢、俭约、勤勉、好学、高洁、旷达、乐观、重情、仗义……这些中国古代的智慧和优秀品质，滋养着我们后人，而我们后人也有责任将其传承并发扬下去！

所以，续写《乌有先生历险记》不仅是在续写古文，也是在续写优秀的传统文化和人文精神，我们暂且将续写作品命名为"《乌有先生历险记》之后记"。

（二）续写《乌有先生历险记》以求智

当然，"续写"更是一种挑战，弄得不好，可能会变成"狗尾续貂"。与续写

"红楼"不同，"红楼"是因为残缺不全，所以不得不续；"乌有先生"却是完美结局，似乎无须再续。那么在完美结局之后再接续，会不会画蛇添足呢？

笔者选取了三名学生的续写作品，看看担心是不是有些多余。

【续写作品一】

《乌有先生历险记》后记

上师大附中 2009 届学生　顾逸尘

（1）有期年，亡是公念及子虚再造之恩，特要子虚于宿处，把酒言欢，恰乌有先生过之，三叟相见大说，期同游岳阳楼。

（2）旦日，三叟同行，时春和景明，心旷神怡，三叟且行道上且论古今治乱事，意快甚。无何，行至水前，乌有先生曰："奈之何？"子虚曰："余日日坐石上，以修身养气，虽七十有三矣，但身强体健，且顾，无船只，逮余水绝，寻船来，以载汝等。"二叟诺声应。

（3）既渡河，循河行十里，乃见一渔人于船上卧。复行数十步，上前，呼曰："船家，渡河乎？"渔人不应。复呼，又不应。公踏船上，乃见一妙龄女子方悠然自得。复见其四肢如七八十之老妪，而颜色红润，发黑。子虚奇之。俄而（尔），渔人顾而曰："山野匹夫，奚自？何所之？"音甚脆。子虚念出寻已久，然又畏是鬼，迟疑不应，又念鬼于夜晚出，于是少放心，曰："吾乃山之道者，与友人游，困于水，因寻船。""吾乃天山童姥也，自少练绝世神功，以至此等容色，尔乃义士，不可不助也。"因借与船只。

（4）子虚划船于二叟处，三叟复同行，诣岳阳楼。

在这个续写作品的第（1）段里，因为亡是公念及子虚长者救命之恩未报，于是特别邀请子虚长者把酒言欢。恰巧乌有先生途经此处，于是三位老叟重又团聚，并且还相约出游。

这个情节的设计合情合理，不仅呼应了原著前面的相关情节，而且还小有发挥。值得一提的是，这个亡是公，怎么还是念念不忘美酒啊？估计纵饮是不敢了，但美酒仍然是不可辜负的。亡是公的性格也因此跃然纸上。

接着第(2)段是三人同游的场景，"春和景明，心旷神怡"，一切都是那么地恰到好处。但是将要渡河时发现了问题——没有渡船，于是子虚长者仗着身强体壮，自告奋勇，竟然游水过河前去寻船。

第(3)段，子虚长者已经游水渡河了，接下来的故事却变得有些扑朔迷离了——他竟然遇到了一位童颜鹤发的奇女子，并误以为对方是鬼。说到这个情节，也是呼应了原著"乌有先生遇女鬼"的情节。乌有先生的那段经历估计给子虚长者留下了难以磨灭的印象。当然，最后的结局也和原著一脉相承，都是化险为夷，虚惊一场——原来"天山童姥"是一位热心的仙女，因为感佩子虚长者是义士，所以主动将渡船借与他使用。

第(4)段结尾当然也是皆大欢喜，和原著一样，三人行，不虚此行。

这位小作者的续写既出人意料，又在情理之中，结尾似乎还意犹未尽。

【续写作品二】

《乌有先生历险记》后记

上师大附中 2009 届学生　沈方青

(1) 乌有先生，年且七十，与老妻居中山，膝下一子，名颇谬。其子颇谬上京赶考，数十载未归，杳无音讯。夫妇以其遇不测，隐山林，居绝境，不与外人往。

此段情节出人意料，小作者竟然杜撰了乌有先生有一个儿子的情节，并且给他的儿子起名为"颇谬"，名字的寓意显而易见，沿袭了原著起名的"谐音法"。颇谬进京赶考竟然一直未归，夫妇二人因此深居简出。

(2) 一日夜半，妻梦子归，双鬓斑白，着一丹衣。曰："儿且归，吾之俟。"妻涕泗雨下，先生觉，诧然而问："何泣女?"妻瞒瞒然，不答。先生惊定而拭其泪，不复诘。

日有所思，夜有所梦。妻子梦到儿子已经双鬓斑白，告诉她自己将要回来，关照母亲等着。妻子梦醒哭泣，但是面对丈夫乌有先生的询问，却选择沉默不语。小作者在这里用了一个词语"瞒瞒然"来形容乌有先生的妻子。这个词语有些生僻,出自《荀子·非十二子》:"酒食声色之中则瞒瞒然,瞑瞑然。"杨倞注释为:"瞒瞒,闭目之貌。"原来,乌有先生的妻子是闭着眼睛沉默不语的。小作者的词汇积累还是不错的。

(3)翌日,妻反乡居而待子,无归,复待数日。先生怪之,随其妻之故宅,问妻何为其然也。妻愀然,曰:"妾冀子反。"言未罢,含首低啜,先生亦怆然,长吁不已。几无望,一朱衣老叟披败草入院,及门,欲进复却者三。须臾,三人上前相拥,大号不已。

妻子如约还乡在故居等待儿子归来,乌有先生虽然不明就里也随同前往。妻子终于告知原因后,夫妻两人都悲怆不已。等到快要绝望的时候,儿子终于披着败草回来了,但是三及家门而退却。小作者对儿子心理活动的描写比较细腻,写儿子怕自己如此落魄、苍老的样子会吓到父母,更怕会伤了他们的心,但又因为实在归家心切,所以才会"欲进复却者三"。终于三人重又团聚,相拥痛哭不已。

(4)颇谬自言,其赴京途中,遇贼劫金,故乞京中,后遇贵人识材,擢为傅。复存念科举,始考,不中,复考,复不中。自知无颜归,遂安居贵人所,且授且苦读,及白雪易青丝,终及第,始反乡里。寻故居,识爹娘,百感交集。

儿子年纪轻轻,怎会如此衰老落魄?儿子自述缘由,原来一波三折,人生坎坷。先是遇贼抢劫,只能在京城乞讨为生。后遇贵人,又被提拔做官。但因为没有参加科举考试,心中一直不甘,于是一考再考,可惜屡试不中。自知没有脸面回家向父母交代,于是继续埋头苦读,终于功成名就,于是才有了现在回乡寻找父母的场景。

小作者的想象力不能说不丰富,但此段情节设计也有一些不足。既然现在返乡的儿子已经功成名就,属于衣锦还乡了,怎么进门的时候还如此苍老不堪呢?而且为什么一定要披着败草呢?难道还有其他隐情吗?或许小作者只是想要营造一种神秘氛围,让悬念拉满?可惜后文没有继续交代深层原因,这个悬念就显得有些虎头蛇尾了。

（5）顾谬携老父老母上京，置宅置地，高官厚禄，荣华富贵，此生不尽矣。

最后一段，显然也是一个圆满的结局，不仅父母儿子团聚，而且一同享受荣华富贵。这个结局同样沿袭了原著皆大欢喜的风格，让人不禁联想到蒲松龄《聊斋志异》中《促织》一篇的结局。《促织》中的主人公"成名"也是历经坎坷最终功成名就："不数岁，田百顷，楼阁万椽，牛羊蹄躈各千计；一出门，裘马过世家焉。"两者何其相似——都寄予了作者美好的愿望和期许，虽然这个结局有一点点落入俗套。

【续写作品三】

《乌有先生历险记》后记

上师大附中 2009 届学生　曹畅洲

（1）越三年，亡是公夜观天象，中有一星，骤失其色，无何而陨。是星之于空象，中山之于陆也。亡是公大骇，自念："中山有难，乌有先生岂得安顺？"因恐先生安殆，夜半，耿耿不寐，辗转无计，遂被衣著屦，扬鞭策马，穿险丛，破月土，尘飞而蹄过，越丘而不罢，至中山时，日始微起。山中煌煌有明火，适乃先生屋处，公益骇，弃马徒走，径往之。沿途见数尸，皆被胄甲，盖败兵也。公暗忖："战火既发，先生益危矣。"不禁涕出，而发若枯弦。公踏折矢，过血株，东曦既驾，方至半山，见树下一人，身接数镞，血指抚胸，状貌甚惨，不忍再顾，遂宽袍以覆之，复走先生屋处。

开篇不凡。原著是"乌有先生"救"亡是公"，此文是"亡是公"救"乌有先生"，可谓知恩图报，与原著巧妙呼应。而且亡是公发现乌有先生有难的方式也很有意思，是通过夜观天象的方式发现了兵象，然后再预测乌有先生可能有难，颇有一点诸葛亮神机妙算的味道。原著中亡是公的"有难"是因为喝多了，这篇后记里乌有先生的"有难"却是因为战乱，似乎更加耐人寻味。

（2）近日中，大火既灭，公至屋内，壁室狼藉，公呼先生名，不应，遂于屋内且索且呼，良久，空屋，略无人迹。公遂出，对山而呼，响音恒余，历久无绝，然犹不应。公曰："厉矣，造命主！先生素善吾，今故人欲不测，直尸不见寻，吾之所愿,特见先生祥体耳,子犹不我顺,岂非小人之量耳?安副造命主之名!"于是抢呼号泣,悲故怆往,念向饮酒之快,徒觉心内成灰,肝腑具断。

此段果然惨烈,生不见人,死不见尸,无论亡是公如何呼唤寻找,都不见乌有先生踪影。小作者在文中这样写道:"念向饮酒之快,徒觉心内成灰,肝腑具断。"此句呼应了原著中两人曾经共饮的美好回忆,前后两相对照,更让人悲怆欲绝。

(3)薄莫,暝色侵人。公怔望夕禽,木然低语:"往矣,涕不回人。禽适物候,人应天道,天使然,无为也。"遂屈土作坟,再拜而去。临行,顾而复望,寒风如丝。

已经是傍晚时分,亡是公彻底绝望,只能顺应天命,做坟拜别乌有先生。只是离开时不断回望,万般不舍。

(4)及至山中,少有人言。公顾向披袍者,不复存焉。因大惊,疑自活也。复行数十步,见林间若有白云绕往,隐隐有仙气,趋就,不禁大呼:"此非子虚老者邪?"盖非白云,正子虚长者也。公具言所至为何,言至作坟处,涕复欲出,颜色苍枯,长者闻迄大笑,曰:"若先生业已入土,则白袍行者何人?"遂指示身后著白袍者。亡是公且惑且惊,自念:"此袍实乃向之所予,得无先生寄魂死士,而活己焉?且此人真先生邪?"遂呼其名。

与张孝纯先生的原著一样,关键时刻还是需要子虚长者出面。在亡是公最绝望的时候,子虚长者翩跹而来了。亡是公对子虚长者一番哭诉,结果竟然发现乌有先生就站在子虚长者身后,大为震惊,甚至以为乌有先生起死回生了。

(5)白袍者惊回首,故颜相认,正乌有先生也。亡是公大喜,几舞手足,虽旧惑未解。然见故人健存,不禁转涕为喜。三人就坐,公问其故。

当乌有先生回首相认的时候,亡是公这才确认无疑,大喜过望之后,三人落座畅谈。

（6）乌有先生曰："吾早知兵欲攻此地，昨夜辰销，知军马正来矣，遂率村氓至子虚山中，辟憩一夜。"公曰："既辟大灾，何顾反为？"子虚长者曰："夫兵也，战无全躯者，而军士皆人，知人有难而不救，是不义也。况兵争之事，虽失义德，诸侯使焉，卒将何枉乎？故反而救之。"乌有先生应曰："吾与长者。遂埋死济伤，亦感战事之酷，直纵火平屋，实失仁道。至山腰处，见一人披公长袍，不禁诧然，比及活之，彼遗袍于我，并使代谢焉。吾遂披而患公。今见公无恙，吾安矣。"三人言罢，皆笑而拊掌。

原来乌有先生早有先见之明，不仅自己及时逃脱，而且还带领村民们逃到了子虚长者的山中来避难。但是乌有先生和子虚长者为什么最终又返回此处呢？因为他们不仅救了村民们的性命，还想回来救治无辜的军士，埋死济伤，善莫大焉。

而且，小作者还在行文前后设置了一处悬念，就是披在乌有先生身上的那件白袍。这件白袍原本是亡是公所有，结果在看到受伤的士兵后，亡是公就将这件白袍披在了这位士兵的身上。子虚长者和乌有先生返回救治军士的时候，恰巧看到了这位受伤的士兵，并且还成功救活了他，士兵出于感激，于是就将这件白袍转赠给了乌有先生。一件白袍，成了牵线的桥梁，如果没有"亡是公"和"乌有先生"两人的大仁大义，白袍也就不会再次回到亡是公的身边。

不得不说，无论是情节构思，还是立意主旨，这篇续作都是可圈可点的。

（7）畅洲曰："夫义，目而不见，耳而不闻，支而不触，问何物，不知形音动静耳。夫仁者，盖类焉。然则天下固无仁义乎？恐非然也。今三人从仁就义，共至山中，适逢半山，虽殊途来焉，而竟会合，此非仁义之暗使焉？谓禽适物候，人应天道，天道何为？克仁顺义，兼世济人，殆谓焉。"

在续作最后，小作者还颇有匠心地模仿了司马迁的一段"太史公曰"来卒章显志：点明让亡是公、子虚长者和乌有先生三人最终得以重新相聚的原因，就是"仁义"。"仁义"虽然看不见、听不到，却有一股特别神奇的力量，好比天道，唯有"克仁顺义，兼世济人"才是长久之道、制胜之道。

　　这三篇学生续作各有所长，前两篇有一点"小品文"的味道，第三篇则有一点"史传文"的味道。三位小作者也都像张孝纯先生一样，尝试通篇用文言文创作，这对于刚上高一的学生来说，是一个极大的挑战！挑战，其实也是传承。不仅是古汉语的传承，也是传统文化的传承，更是传统文化核心价值观的传承。传承的是文化，是智慧，更是可贵的精神品质。一脉相承，代代相传，生生不息。

第三章

思维篇：思维发展与提升

第一节　正向思维和逆向思维的打开

——我是"脂砚斋"，作文互评与升格

　摘　要

一、正向思维和逆向思维的特点

（一）正向思维的特点

（二）逆向思维的特点

二、以"作文互评与升格"为例，尝试打开双向思维

（一）打开正向思维

（二）打开逆向思维

（三）作文升格

一、正向思维和逆向思维的特点

（一）正向思维的特点

笔者理解的"正向思维"，首先是一种自然而然就会想到的"常规思维"，其次是一种寻找问题并解决问题的"积极思维"，最后是一种纵向深入的"垂

直思维"。

常规思维：用常规常识或公认的方式进行认知和判断的思维方式。

积极思维：寻找问题并解决问题的思维方式。

垂直思维：认定一个方向后，由已知进到未知，从表象推到本质的思维方式。

（二）逆向思维的特点

笔者理解的"逆向思维"，首先是一种与众不同的"求异思维"，其次是一种敢于"反其道而思之"的"反向思维"，最后是一种从结果反推原因的"倒推思维"。

求异思维：克服思维定式，破除僵化思维模式，是一种与众不同的思维方式。

反向思维：从对立面的角度，顺着对立面的方向深入推演的思维方式。

倒推思维：从结论反推原因，倒过来分析和思考的思维方式。

二、以"作文互评与升格"为例，尝试打开双向思维

（一）打开正向思维

作文写作一直是高三教学的重点和难点，该如何突破，往往是当局者迷。批改作文似乎也总是语文教师的专权，为什么学生不能也来当一回彼此的"脂砚斋"互批互评呢？"脂砚斋"作为《红楼梦》最重要也最特殊的点评者，对作者曹雪芹创作的影响是极其深远的。

所以，笔者尝试在高三的下半学期，让学生们来一次比较彻底的互评。每名学生的作文将由两名同学背对背地点评和打分，而且点评最好有旁批和总批两种形式。再加上最后教师的批语，每名学生将得到三位读者不同的点评和打分。通过多方倾听，博采众长，学生可以重新审视自己的作文，进而提升写作水平。这对于批阅者、教师和作者，是彼此学习的好机会。以人为镜，可以明得失。

以某次模拟考试的作文题为例，看看学生们的互评情况：

【作文题目一】

　　荀子《劝学》中说："蓬生麻中不扶自直，白沙在涅与之俱黑。"意思是："蓬草长在麻地里，不用扶持也能挺立住，白沙混进了黑土里就再不能变白了。"后世也有不同看法。

　　对此你有怎样的思考？请写一篇文章，谈谈你的认识。

【教师点评】

　　在审题过程中，首先建议学生用符合常规思维的方式进行"正向思维"。根据"蓬草长在麻地里，不用扶持也能挺立住，白沙混进了黑土里就再不能变白了"的题意，自然而然就会想到的且合乎常规和常识的是：环境多么重要！麻地的环境，可以让蓬草也能挺立，但是黑土的环境却连白沙也会变黑。

　　接着，我们可以用"积极思维"的方式，寻找问题并解决问题。根据题意，我们可以想到：应该学习蓬草，选择良好的环境让自己变得更加优秀，而不要像白沙那样同流合污。

　　最后是用"垂直思维"进一步思考。根据这个题目，我们可以进行哪些深入思考？比如："麻地"和"黑土"的环境真的那么重要吗？是决定性因素吗？"蓬草"变直了和"白沙"变黑了，都应一味地指责环境吗？内因是不是更重要的决定因素？个体能不能强大到改变外在环境？等等。

　　如何进一步垂直加深思维深度呢？

　　这个作文题的立意首先建立在对这句话的理解上，也就是好的环境和坏的环境会对人产生不同的影响。这一点必须分析准确、清晰、到位，从前因后果的角度把道理说清楚。要进一步提升，关键就在于要把握材料里的这句话——后世也有不同看法。会有哪些不同看法呢？这就需要我们进一步思考了。

　　（1）虽然外界的影响很重要，而且分为好的和坏的两种不同的影响，但是这些影响可能只是表面的、浅层的、暂时的，并不能带来真正长久的、实质性的改变。

（2）虽然外界的影响很重要,但是不能过度依赖外界,自身才是立足之本。

（3）不仅不能过度依赖外界,而且还要不被外界轻易改变;要坚持自我,既不同流合污,也不被动向好,不被思维定式框住。

（4）在不为外界所改变,要坚持自我的同时,还要影响、改变外界。

（5）既要努力影响、改变外界,又要努力辨识以及积极改变不好的外界环境。

（6）外界和个人,相互影响,彼此适应,相互融合。

（7）另外,还有两种比较特别的递进:

① 不仅不能过度依赖外界,而且还要摆脱外界,外界可能成为藏污纳垢之地,让蓬草混迹其中。

② 蓬草之所以在麻地中挺拔,其实也是一种回应和妥协,是出于生存需要。

以上层层递进的点,并不建议在一篇文章里都用到,提升一到两格可能就够了。最关键的是,无论哪一层次,都需要追因溯果,多问问自己"为什么"以及"会怎样",把每一个层次都分析清楚才是上策,不能贪多反而嚼不烂。

也希望每一名写作的同学都能珍惜身边的那位"脂砚斋",无论是同学的点评还是老师的批阅,都可能是宝贵的财富,能帮助你更好地修正、升格自己的作文。就像曹雪芹那样"批阅十载,增删五次",每一次修改都可能是一次重要的进步。

【学生习作一】

向 光 而 生

（1）俗话说:"近朱者赤,近墨者黑。"荀子在《劝学》中表达了类似的观点。我认为并不尽然。

（2）麻中之蓬被环境扶持,自然更直;涅中白沙被周遭淹没,不复纯净。所谓"直"与"白",在古代文学中常有清白、德高之意,荀子之言即谓:在好的环境中人自然高尚,在坏的环境中即使君子仍易堕落。①

（3）这种说法自有其合理之处。孟母三迁，正因坚信合适的环境更能以礼教熏陶孩子；《浪潮》中善良纯洁的大学生们亦受集权实验环境影响，迅速变得残暴而狂热。理论上亦解释得通。客观上而言，外界环境提供给人们行事的标准，于外部用规则限制人们，于内部用流行的价值标准塑造人们，一定程度上起同化作用。主观上而言，一方面人们为获得社群接纳与认可会主动根据环境改造自己，使自己适应于社会的要求；另一方面，成长环境中的耳濡目染使人们对环境中常出现的事习以为常。混迹"三和大神"中，未免觉得躺平无过，跻身上流难免见精益求精之必要。这种对好坏的适应使人易从众，从而逐渐融于环境。②

（4）但一定如此吗？环境固然会对人产生影响，但并不一定能同化所有人。再美好的环境也不能杜绝败类产生，而纳粹集权下仍有人保留良知。人与蓬、沙本质上的不同，在于人的主观能动性。人是不能完全由环境定义的。与蓬与沙只能被环境裹挟不同，于浊流中人可以选择明哲保身地饮其酒而啜其醨，亦可选择逆流而上，"蝉蜕于浊秽"；于清流中，有人与众人同进步，亦有人仍执着于名利权，落后于众人。环境对人的影响不一定是不可抗拒的、绝对的。③

（5）既然如此，为何要重提环境对人的影响呢？揆诸当下，信息时代使个体与环境的联系空前紧密，荀子的话正能提醒我们时刻审视自己的环境，勿让不正之风侵蚀自己。

（6）意识到环境对人影响大还远远不够，真正重要的是充分发挥主观能动性。要及时鉴别环境及其中他人的行为，在好的影响下"见贤思齐"，在不当行为及标准面前"见不贤而内自省"，既要尽可能地追求、融入正气的环境，最大化利用其优势，又要主动抵制环境中的不良因素，即使在逆境中也出淤泥而不染。

（7）环境对个体有必然的影响，但人的主观能动性一定程度上能决定影响的程度与方向。当择良木而栖，在光明中则拥抱光明，无奈身处黑暗时亦向光而生，方为大写的人。④

【同学甲点评】

　　【旁批】① 回归本体,解释"蓬"与"白沙",同时点明观点。

　　② 进行论证,运用例证阐述了荀子的话的合理性,即人易融入其所在地的环境。

　　③ 逻辑严密,提出自己的观点"环境不一定能同化所有人",从正反两方面加以论证。

　　④ 联系当下,提出人们不应受环境影响,须保持正道。

　　【等第】二类上。

【同学乙点评】

　　【总批】好! 言之有理,理之有据,环环相扣,无以为驳。对题目的辩证分析合理有据,事实范例贴近常人认知,易于接受理解。联系现实,着眼当下,拔升题目立意。

　　【等第】二类中到二类上。

【教师点评】

　　结构梳理:

　　这篇作文开门见山,开篇第(1)段非常简明地阐释了材料的意思,那就是:近朱者赤,近墨者黑。

　　接着第(2)段再回到荀子的这句话,具体解释其含义,同样也是清晰明了、准确到位:"麻中之蓬被环境扶持,自然更直;涅中白沙被周遭淹没,不复纯净。"正如"同学甲"在旁批①中所写的那样:"回归本体,解释'蓬'与'白沙',同时点明观点。"此段的亮点是对"直"和"白"两字的含义分析,有切肤之感,突出了"好的环境"和"坏的环境"的巨大影响。

　　第(3)段辩证分析这个说法的"合理之处",分别举了正面和反面两个例子来证明好的影响和坏的影响会造成怎样的结果。接着,从"结果"再"推因",分别从外因和内因两个角度进行分析。

　　第(4)段继续辩证,作者对荀子的这一说法从第(3)段的"肯定"变成了第

（4）段的"质疑"："但一定如此吗？"会影响，但不一定能同化所有人，再好的环境也不能杜绝败类的产生，再坏的环境也有好的坚守。"人"和"蓬沙"相比，区别是人更具有主观能动性，突出人在不同环境中完全可以有不同的自主选择。

第（5）段分析现实意义，当下重提这一话题的意义在于提醒和提防。

第（6）段递进，仅仅意识到还远远不够，重要的是要积极地去做——"充分发挥主观能动性"；不仅要去做，而且还要在两种不同的环境中及时鉴别然后行动。既要融入应该融入的，又要抵制应该抵制的。

最后一段即第（7）段，辩证总结全文："环境对个体有必然的影响，但人的主观能动性一定程度上能决定影响的程度与方向。"我们要主动"择良木"，但如果不幸"处黑暗"，也要向光而生。巧妙点题。

这篇作文最大的亮点就在于行文的一丝不苟、不蔓不枝、丝丝入扣，没有花哨的语言和复杂的逻辑，每一步都踏踏实实，稳稳地踩在每一个论证点上，以理服人。

思维梳理：

此篇学生习作属于比较典型的从"正向思维"的大方向来谋篇布局的例文。

先从"常规思维"入手。第（1）段高度概括题目中材料的意思，第（2）段再具体解释材料的含义。也就是顺着常人习惯的思维方式来思考：题目材料中的话到底是什么意思？先高度概括，再具体解释，让人一目了然。

然后运用"积极思维"，寻找问题的根源所在。之所以"近朱者赤，近墨者黑"的深层原因是什么？既有内因，也有外因，并且通过正反两个论据加以证明和分析。

再通过"垂直思维"，将问题的分析进一步引向更深处。第（4）段，外界环境一定能同化所有人吗？人和"蓬、沙"相比，又有什么本质的不同？

最后再回到"积极思维"，寻找解决问题的方法，而这个方法又是运用"垂直思维"思考后找到的方法。第（5）至第（7）段，兼有"垂直思维"和"积极思维"两种思维方式。

第(5)段,现实意义是提醒和提防。第(6)段,不仅是提醒和提防,更要我们积极鉴别和行动,该融入的融入,该抵制的抵制。第(7)段,不仅要积极鉴别和行动,甚至可以更主动地去选择和影响外部环境。要么主动"择良木",选择好的环境;实在选择不了,那就"向光而生",为黑暗的环境带来一丝光明。

整个"正向思维"的流程图是:常规思维→积极思维→垂直思维→积极思维+垂直思维。

此文建议等第:一类下。

(二) 打开逆向思维

接下来,我们结合第二篇学生习作来具体分析"逆向思维"各方面的特点,还是"作文题目一"的材料。

【学生习作二】

做白沙不做蓬草

(1) 荀子在《劝学》中说:"蓬生麻中,不扶自直,白沙在涅,与之俱黑。"这种实例在我们生活中比比皆是,但是白沙置于黑土中依旧闪闪发光的例子亦存在。这种观点有些片面,实际上我认为我们应做白沙而非蓬草。

(2) 蓬草依靠自身力量无法直立,进而借助外在环境"麻地"直立,就如同没有个人能力却狐假虎威之人。白沙置于黑土中未被丑恶的外在环境污染,就如同空有才华却被埋没之人才。看起来环境对人的影响是极大的,甚至是不可逆的。①⑤

(3) 诚然,环境给人巨大的影响。王小波曾经说过:"在人世间有一种庸俗势力的大合唱,谁一旦对它屈服,就永远沉沦了。"正如王安石笔下的仲永,有着傲人的才华却因外来环境的不良引导,最后成了泯然众人之态。王安石对这样的"白沙"沉落于"黑土"中深表惋惜。②⑥

(4) 但是令人庆幸的是,环境对于人的影响也并非绝对如此。周敦颐说:"予独爱莲之出淤泥而不染,濯清涟而不妖。"古往今来的文人学者也从未停止过与环境的抗争。辛弃疾仕途一生，唯愿收复中原，在主和派压倒性的赞扬声中，他从未放弃自己的抱负——主和派忘却的"家国情怀"。又如闻一多、鲁迅等革命先驱，以自我之血肉筑中国之希望。他们在动荡时局中奋斗，让我们看见了白沙置于黑土中亦能闪闪发光。⑦

（5）那么环境究竟能否给人带来影响呢？其实，如果我们究其根本便会发现，无论身处顺境抑或是逆境，真正的决定性因素是人本身。③

（6）叔本华说，世界上最大的监狱，是人的思维意识。可悲的并不是我们无法发现"麻地"般好的土壤，而是我们从未意识到自己身处黑土之中。当我们突然有一刻意识到这种时局后，却未尝试挣扎提高自我，而沉沦于懒惰的思维惯性中无法自拔，这也许成了更深的悲剧，但这仿佛也是现代社会的主旋律。④⑧

（7）于是乎，我们应意识到做白沙不做蓬草的重要性。鲁迅说"没有人是一座孤岛"，当外在环境对人产生影响时，人自身也会对外在环境有反作用。也许微弱得无法改变什么，但"黑土"之中一抹亮色是一种希望，又如何去说没有意义呢？⑤

（8）罗曼·罗兰曾说，世界上只有一种英雄主义，那就是在认清生活的真相之后依然热爱生活。无论周遭环境如何改变，做白沙不做蓬草。

【同学甲点评】

【旁批】① 第（2）段中对蓬草和白沙的阐释：原文中蓬草"不用扶持"→作文中依靠自身力量无法直立，是否有偏差？"白沙置于黑土中未被污染"→空有才华却被埋没→环境对人影响极大，好像不是很成立？

② 第（3）段引用王小波的话。或许对第（2）和（3）段句子重排可以使思路更清晰？

⑦ 第（4）段辩证。

③ 第（5）段归因。

④ 第（6）段阐述现代社会在这方面的困境。

段内逻辑：

可悲的是我们意识不到自己处于不良环境

同样可悲的是即使认识到环境恶劣也不愿自拔

（两个点的连接处第一遍读不太能把握住）

⑤ 第(7)段在抵御外界不良影响的同时,也在将自身的精神传递给世界(个体基于环境的主动性)。

【总批】语言优美,论据充分且广泛,立意新颖。

【等第】二类下。

【同学乙点评】

【旁批】⑤ 下定义,回归本体,对蓬草依赖外物的理解较有新意。

⑥ 指出观点合理性,例证充足,归因分析略欠缺。

⑦ 思辨：环境于人的影响不是绝对的。

⑧ 提升：决定因素在于自身。

【总批】思维流畅,有思辨、有升华,引用及实证充分,可以看出有一定的积累,但略缺乏分析与议论。

【等第】二类下。

【教师点评】

结构梳理：

这篇作文对于"蓬草"和"白沙"的理解非常独特,那就是：要做"白沙"不要做"蓬草"。乍一看,好像是理解有误了,因为题目中的"蓬草"是到了良好的环境,也就是到了"麻地"以后就"近朱者赤"了,变得挺直,变好了。但是作者在第(2)段里进行了与众不同的分析：蓬草只不过是借助外在环境直立了,其实它并不能依靠自身力量真正直立。换句话说就是,一旦离开了麻地这样良好的环境,蓬草可能就不能挺立了。这个解释或许可以回答"同学甲"的第①处旁批"第(2)段中对蓬草和白沙的阐释：原文中蓬草'不用扶持'→作文中依靠自身力量无法直立，是否有偏差?"的质疑。关于蓬草的发挥有新意，也有一定道理，但同时还有一点疑问。因为作文题目中的原话是"蓬生麻中不扶自直"，至少在麻地里，蓬草可以完全依靠自己的力量挺直，那离开麻地之后还能挺直吗？应该还是有可能的。立意虽然新颖，但还需要更严谨一些。

再看"白沙"。作者的分析比较辩证，"白沙"分为两种：一种是被不良环境引导后"俱黑"了的白沙；另一种是出淤泥而不染的白沙，这种白沙不同于题目中"俱黑"的白沙，属于作者自认为的、补充的、现实生活也有的、特别难能可贵的"闪闪发光"的白沙。这又是作者在题目之外的拓展，这个拓展有一定道理，也是一种递进。

行文至此，我们也就明白了，作者所谓的"做白沙不做蓬草"的意思，准确来说其实应该是：不要做不能自己真正挺立的"蓬草"，而要做出淤泥而不染的闪闪发光的那种"白沙"。

然后，作者再递进一层，分析原因：之所以会有两种不同的白沙，是因为真正起决定性因素的是人本身。

接着，作者再进一层，写道：人最大的可悲不是发现不了好的"麻地"，而是发现不了坏的"黑土"。即便是发现了坏的黑土，但是因为懒惰而无法自拔。

在前因和后果上，作者一直在递进。

最后，作者再次强调要做白沙不要做蓬草的重要性，甚至我们可以像"白沙"一样反过来影响"黑土"，成为黑土中的"一抹亮色"。这又是一次递进。

以上应该都是这篇文章的亮点，那么这篇文章有什么不足吗？

第一个明显的不足是：个别句子表述有点自相矛盾，而且感觉应该不是笔误。比如第(2)段里，也就是"同学甲"第①处旁批所写的："白沙置于黑土中未被污染→空有才华却被埋没→环境对人影响极大，好像不是很成立?"这确实自相矛盾了，属于一个小小的硬伤。

第二个不足是"同学乙"在旁批⑥里指出的，"例证充足，归因分析略欠缺"。这是因为作者一直在递进的路上努力前行，但篇幅有限，所以在原因分析上就来不及深入了。而且就像"同学甲"在旁批④里说的："段内逻辑：可悲的是我们意识不到自己处于不良环境→同样可悲的是即使认识到环境恶劣也不愿自拔。(两个点的连接处第一遍读不太能把握住)"。这可能就是这篇文章的主要问题所在了:逻辑递进太复杂了,虽然递进总体是有道理的,但是错综复杂的逻辑递进会让阅卷老师第一遍阅读时难以马上准确把握。

考场作文,应清晰明了,需要递进,但是不宜过于复杂。

思维梳理:

这篇习作的思维方式属于比较典型的"逆向思维"。

求异思维:比如此文从行文开始,便一反常态地大力提倡"做白沙不做蓬草"的观点,和"做蓬草不做白沙"这种常规思维方式下的观点截然相反。

反向思维:此文在提出了"做白沙不做蓬草"这个截然相反的观点之后,便义无反顾地顺着这个相反的方向深入推演下去,点明了蓬草之所以能够挺直,其实只是表象;白沙虽然陷于黑土,也未必全部都会变黑,甚至还可以反过来影响黑土,为黑土带来一抹亮色。

倒推思维:从蓬草没有真正挺立和白沙竟然没有变黑的结果,再倒推产生这些结果的主要原因——在于自身。

应该说,这篇习作勇于挑战传统的"正向思维",大胆尝试"逆向思维",在克服思维定式,破除僵化思维模式方面的勇气是值得肯定的。只是应让思维更加严谨和缜密,更经得起仔细推敲。作文还可以作适当修改以完善。

鉴于以上所有分析,最后建议等第:二类下。

如何让"逆向思维"更严密和深入?试以第三和第四篇学生习作为例来进行探讨。

【作文题目二】

有人认为,人可以平凡,但不可以平庸。也有人认为不尽如此。

对此,你怎么看?请写一篇文章,谈谈你的认识和思考。

【教师点评】

这个作文题的思维方式,可以称得上是"逆向思维"中的"逆向思维"了。

"人可以平凡,但不可以平庸"是"正向思维",大部分人都会自然而然地认同这一观点。"也有人认为不尽如此"的观点,则属于非常与众不同甚至是完全站在对立面的"逆向思维"了。

难道人也可以"平庸"吗？难道我们应该主张"平庸"吗？

这样的"逆向思维",似乎有些过分追求"求异思维"了。我们该如何克服思维定式,破除僵化的思维模式,进行与众不同的"纵深反向"思维呢？

【学生习作三】

平 凡 之 外

（1）有人曾说,平凡并不可怕,可怕的是你一生碌碌无为,还安慰自己平凡可贵。事实上,第二个"平凡"已不再是"平凡并不可怕"中的"平凡"的意思,而是已变为自欺欺人的平庸之人,自我沉沦的平庸之始。

【教师点评】第（1）段,作者首先用"正向思维"和"逆向思维"对"人可以平凡"中的"平凡"一词分别进行了定义和判断,前面一个"平凡"是真的"普通"的意思,后面"平凡可贵"中的"平凡"则是"自欺欺人"的意思。所以,人既可以平凡,也不可以平凡。

（2）平凡指的是无名无姓,不被注意的普通人。人可以平凡,那是因为即使你没有麦哲伦跨越大洋那般的壮举,没有爱因斯坦颠覆物理学的成就,这并不代表你无所作为。平凡,或许是芸芸众生中的一抹底色,但它不代表无足轻重,更不是价值缺失。是否普通从来不是评判一个人是否有价值的标准,因此平凡并不阻碍你是一个善良的人、努力的人、有道德的人或是对社会有贡献的人。

【教师点评】第（2）段,作者继续用"逆向思维"推导和分析。人可以平凡,人也不可以平凡。前面一个"平凡",仍然是"普通"的意思；后面一个"平凡",则是"碌碌无为"的意思。前面一个"平凡",其实也可以"不平凡",也可以有所作为。

（3）然而"平庸"一词就有所不同。它的意思更偏向于以"平凡可贵"这样的说辞为盾,实则是麻痹自己、拒绝改变的所谓的"平凡"。人不可以平庸,因为人本是独一无二的,而一旦陷入平庸,便不再有改变的欲望,也就彻底失去了成长的可能。就如同井底之蛙,仅满足于眼前的方寸之地,认为自己已经拥有了一切,而忘却了头顶的广阔天空。长此以往,它再也没有了跳出井底看到真理的可能性。

【教师点评】第(3)段,作者开始分析"平庸"一词。在此段中,"平庸"的意思其实就是第(1)段和第(2)段中所说的"自欺欺人""碌碌无为"的意思。作者对这里的"平庸"是持否定态度的,这是"正向思维"。

(4) 当然,无论是平凡还是平庸,那只是衡量人的一个标准,而非一成不变的标签。真正重要的是认清自己的现状,有目标,有志向,并付以持之以恒的努力。一旦做到如此,人不再是仅用"平凡""平庸"这样的词汇来形容的物品,而是鲜活的、有动力的、充满希望与不断改变的生物。而唯有改变,才能脱离平庸。

【教师点评】第(4)段,作者又开始"逆向思维"。"人可以平凡,但不可以平庸"这句话也是不完全对的,因为这里的"人"似乎被贴上了标签,"可以"和"不可以"好比是贴上后不能再被撕掉的标签。比"平凡"和"平庸"这样的标签更重要的是"人"自己,人是可以改变的,而不是由别人来定义的。

(5) 人生并不只是有成就抑或平凡、有志向抑或平庸这样二元论的世界。人生是拥有无限可能的旷野。平庸或许使你自甘堕落,但也许只是繁忙中片刻的休息;平凡可能让你不被世人所知晓,但平凡的人也可以拥有波澜壮阔的人生。

【教师点评】第(5)段,继续"逆向思维"。人生并不是只有"平凡"和"平庸"的二元世界,介于两者之间的,还有"片刻的休息",还有平静下的波澜壮阔,前者会被误认为是"平庸",后者会被误认为是"平凡"。

(6) 在这个日新月异、社会飞速发展的时代,无数人告诉我们不要甘于平凡,要片刻不能喘息地努力。的确,正如尼采所说,每一个不曾起舞的日子,都是对生命的辜负。然而,我们不该被一个简单的词语所束缚,不该被用"平凡"或"平庸"来定义你人生的轨迹。外界的判定只是参考,平凡也好,平庸也罢,拥有那份对生活的热爱与对梦想的执着,就是不平凡的人生。

(7)要大笑,要做梦,要与众不同。

【教师点评】第(6)段,再回到"正向思维"。怎样的人生才更有意义? 只要有热爱、有追求,那么无论平凡也好,平庸也罢,都是好的。第(7)段,作者鼓励大家要开怀大笑,要勇于做梦,要敢于与众不同。这里的"与众不同",似乎也是在鼓励大家要勇于用"逆向思维"思考,努力冲破思维定式的藩篱,即便这样的"冲破"可能存在一些破绽,但又有何妨? "仰天大笑出门去,我辈岂是蓬蒿人?"

【学生习作四】

世上皆庸人

(1)有人认为,人可以平凡,但不可以平庸。

(2)他们所谓平庸,大概是平凡且庸俗。庸,庸碌而无为;俗,俗气而不超然。怎么看都不是一个好词。可平凡呢? 中性无贬义,就和它本身一样,被它描述的,不好不坏,普普通通。

(3)我本无意探讨平凡与平庸,却好奇为什么会有人对"人"下了定义。人本是由古猿进化而来,因细胞分化而来,是具有思考能力和创造力的生命。可一旦进入社会,则会被贴上许多标签。人不可以平庸。为什么? 若这仅是一个人对自己说的话,那我可以认为这是他对自己的目标,尊重他,敬佩他;可若这是人对其他个体或是群体的"劝谏",就颇有"何不食肉糜"的优越感。

(4)平庸从什么时候开始成了一个贬义词? 大概是从我们一出生,就被教导不要输,要赢,要成为人上人。可山外有山,人无完人,又如何真正做到万人之上,更何况全世界大约有八十亿人? 而就算是处于巅峰的那个人,他又怎么可能不回归自然与世俗? 那些远不及巅峰的人,仅仅因为他们无为,他们俗气,就不足以称之为"人"了吗? 全然不是。似乎说出这句话的人,也忘了自己处于芸芸众生之中,怎么不平庸呢?

(5)若是那些伟人,名声很大且响亮,功业伟大且不凡。坚定的意志,不得不提司马迁在监狱中被剔膝却仍旧写下史记;聪颖的天资,又让我们想起爱因斯坦和他天才般的大脑。伟人固然伟大,可也是人;人却不完全都是伟人。若以有所作为和脱于尘世来定义人,是否有些恐怖?而庸俗之人,也不一定完全缺乏那些值得歌颂的美好品质。我们看到那些给人贴上的标签,在不知不觉中就准许了它的影响。潜移默化里,我们逐渐认为自己就如标签所描述的那样,以及巴纳姆效应所展示的一样。我们听信"不可以平庸"的人生劝谏,所作所为皆是为了逸庸、逸凡,可什么时候才能找到真我和本心呢?正因如此,我们会无法接受自己的平庸、无能。我们讨厌自己的那一部分,就如同讨厌世俗一样。可我们却忘了,庸俗的尘世,本就由人组成。

(6)人离不开平庸,正如平庸因人而生。或许意识到这一点,接受自己世俗的心,也未尝不是一种超脱。

【教师点评】

这篇文章的风格,我觉得可以用"嬉笑怒骂"四个字来形容。

第(1)段开门见山,不动声色地直接引用了题目中的原话,似乎都"不屑于"增添任何一个字眼。这是为接下来的"驳论"蓄势吗?

第(2)段开始有了一点讽刺的意味:"……所谓平庸,大概是平凡且庸俗……怎么看都不是一个好词。"

第(3)段以退为进,作者说"我"本来是无意探讨的,但"我"实在看不惯的是,"有人"竟敢对"人"下定义,甚至斗胆给所有人贴上"可以"和"不可以"的标签。如果这个"有人"是对自己提要求,那是可以的,比如可以说:我可以平凡,但我不可以平庸。但这个"有人"不能对所有人颐指气使,好像很有优越感的样子。

第(4)段对"平庸"这个词语开始追本溯源。它是从什么时候开始变成一个"贬义词"的呢？说出"不可以平庸"的人，其实从小被灌输急功近利的思想，甚至只要平庸，似乎就不配被称为"人"了。这样的"有人"又何尝不是受害者呢？他自己原本又何尝不是平庸者呢？

第(5)段穷追不舍，对"有人"所说的"可以"和"不可以"进行深刻批驳：此种倡导只会让人更加急功近利，一切都只是"为了做到"而"做到"，"为了不平凡"而"不平凡"，"为了不平庸"而"不平庸"，而忘了"人"之所以为"人"的最初面貌，遗失了"真我"和"本心"。如此看来，这样的"有人"是不是又逐渐从一个"受害者"变成了"害人者"，并且会不会让更多的"受害者"都变成"害人者"呢？

第(6)段最后再为"平庸"和"平庸者"呐喊助威。人本平庸，平庸其实就是怀有一颗世俗之心。如果接受了平庸，接受了世俗之心，是不是也就变得"不平庸"了呢？

纵观全文，拍手称快，嬉笑怒骂，果然痛快。逆向，再逆向，反转，再反转。这篇文章，在"逆向思维"的路上，策马加鞭，一路狂奔。而且，怒骂却不见怒色，嬉笑却不令人生厌，看似一直在讽刺，其实又何尝不是用心良苦呢？

（三）作文升格

最后，我们就作文如何升格，再做一番探索。

学生之间的互评，无论对写作的学生还是点评的学生来说，都是一次很好的相互学习的机会。对于教师来说，又何尝不是呢？学生互评的质量总体来说不错，而且都非常认真，甚至感觉互评和打分的时候比自己写一篇作文还要花费更多的时间和精力。教师在阅读学生作文和学生批语中也学到了很多，有些不谋而合，有些则不尽相同。思维只有互动和碰撞才能产生真知灼见，才能成就教学相长。

【作文题目三】

有人说，一切美的光是来自心灵这一源泉的，没有心灵的映射，是无所谓美的；也有人认为不尽然。

对此，请写一篇文章，谈谈你的思考。

【教师点评】

"作文题目一"属于比较传统的题目,古今结合,就古代的某一句名言做辩证的解析。这个作文题的不足可能就是学生可发挥的余地不够充分,有比较大的局限性。特别是对古文中这句话意思的理解,虽然出题者提供了翻译,但是翻译的句子还是有可能让学生产生领悟偏差。

比如"蓬生麻中,不扶自直"一句,即便出题者提供了译文"蓬草长在麻地里,不用扶持也能挺立",但还是有不少学生错误地理解为:蓬草到了麻地这个不好的环境以后,仍然坚持自己的挺立,即便没有扶持也能挺立。于是,蓬草和白沙就成了对比对象:前者坚持自我不变,后者同流合污、失去自我。其实正确的理解应该是:蓬草到了良好的环境里变得更好了,白沙到了不好的环境里变坏了,强调外在影响的重要性。

而"作文题目三"更加开放。对于美的光、心灵的源泉和心灵的映射可以有多重理解,且只有高低之分,没有绝对的对错之分。这样的题目可以给学生更多的发挥空间。既可以有正向思维,也可以有逆向思维。

下面,我们对第五篇学生习作进行修改和升格。

【学生习作五及同学互助修改】(宋体是作者的原稿,楷体是教师与其他学生共同合作的修改稿)

题目:耀日与银烛之火

题目:日光万丈,银烛微芒

【教师点评题目及修改】

修改之后的"万丈"突出了日光的"耀","微芒"突出了银烛的"弱",对比更加明显,而且两组四字组合对仗也更工整。

(1)目光所及,短寸之间,<u>而见</u>貌美,<u>而不知</u>此是否为"金玉其外,败絮其中"。幸而败絮不会映射而出,<u>只有</u>美的光会从心灵映射而出。

(1)目光所及,短寸之间,<u>但见</u>貌美,<u>殊不知</u>其真容是否"金玉其外,败絮其中"。所幸,从心灵<u>这一源泉</u>映射而出的<u>多是</u>美的光,而非败絮。

【教师点评第(1)段原稿及修改稿】

第(1)段点明了外表的"美"吸引人的目光，但并不能准确判断这外表"美"下内在是不是也美，但有幸的是：美一般都是从心灵这一源泉映射而出的。

修改之后的语言更加通顺流畅。"而见"改为"但见"，是"只见"的意思，强调了很容易为外表所吸引的特点。"而不知"改为"殊不知"，也是加强了语气。"只有"改为"多是"，避免了语言表述的绝对化。最重要的是，修改后的一段文字增加了"这一源泉"几个字，与材料中的"来自心灵这一源泉"相呼应，更加切题。题目材料中的三个核心词"美的光""源泉"和"映射"在修改稿的第(1)段中都得到了体现。

(2) 所谓美，最广受认可者**无异于**外在美。一件精美的器物，一件华美的衣裳，一位优美的舞者，无不令人身心愉悦，认可其美，而后追寻。**追寻者多，却也只为浮夸而空虚的芳华**；久而久之，追逐与欣赏之人也意识到了内在充实之美的高尚与其经久不衰的美——那是使外在之美刹那失色的崇高。

(2) 谈及美，最广受认可的**无非**外在美。一件精美的器物，一件华美的衣裳，一位优美的舞者，无不令人心悦诚服，从而追寻。值得注意的是，**纵然追寻者不计其数，外在的光鲜却也只是浮夸而空虚的芳华**；久而久之，追逐与欣赏之人也意识到了内在充实之美的高尚与其经久不衰的美——那是一份使外在之美刹那失色的崇高。

【教师点评第(2)段原稿及修改稿】

第(2)段将"美"分为两种，其中广受认可的是"外在美"，追寻的人众多。但是日久他们才意识到内在美是更加高尚的美，是让外在美顿时失色的美。

修改稿将原稿中的两处地方进行了修改，使得语言更加通顺并且没有语病。

(3) 而那份内在的美，最为本质的区别便来自"内在"一词。其蕴藏着"不易被发现"的含义更给予其名为珍贵的天赋。于是人们明白了向何处寻觅——心灵,那无数美好悄悄躲藏的地方。一段动人的诗词,一幕感人的情景,一份超人的精神,无不跨越空间,划开历史朦胧的纸张,从一个个美丽之人的心灵中<u>射出</u>,以美的光照耀着,滋养着。

(3) 而那份内在的美,最为本质的区别便来自"内在"一词。其蕴藏着"不易被发现"的含义更给予其名为珍贵的天赋。于是人们明白了向何处寻觅——心灵,那无数美好悄悄躲藏的地方。一段动人的诗词,一幕感人的情景,一份超人的精神,无不跨越空间,划开历史朦胧的纸张,从一个个美丽之人的心灵中<u>发源</u>,以美的光照耀着,滋养着。**作为审美主体的人将抽象的美具象化,从万事万物中提炼出闪耀的内在美之光,此般心灵的映射赋予了美更高的意义。**

【教师点评第(3)段原稿及修改稿】

第(3)段转而写"内在美",说明内在美不易被发现但是更加珍贵的特点,喜欢躲藏在心灵中。内在美总是从美丽的心灵发源,并且以美的光照耀着、滋养着心灵。

修改稿除了将"射出"修改为"发源"外,另一个主要的修改是紧接着原文之后增加了这样一句话:"作为审美主体的人将抽象的美具象化,从万事万物中提炼出闪耀的内在美之光,此般心灵的映射赋予了美更高的意义。"

增加的这句话有什么意义? 这句话是在解释"内在美"是如何从心灵"发源"的,也就是在解释"为什么"的问题,以及这样折射的"意义和价值"又是什么。我们在分析问题的过程中要学会"追问",追溯前因,追问后果。

所以,修改后的第(3)段不仅说明了内在美总是从美丽的心灵发源,并且以美的光照耀着、滋养着心灵,而且还解释了是怎么发源的,又是怎么照耀和滋养的。让论证更加深入。

(4) 超越刹那的时空与暂时的审美,从心灵深处映射的美才有其意义,有其所谓。

（4）超越刹那的时空与暂时的审美，<u>源于</u>心灵、经由心灵映射的美才有其意义，有其所谓。

【教师点评第(4)段原稿及修改稿】

修改稿补充了"源于"一词，与材料的核心词相呼应。

（5）然而心灵，连带着其中蕴藏的光芒，终究难为人知。所谓心灵映射的光总需要媒介，或是诗词歌赋，或是些许举动——这并没有什么好诘难的。**但正是这间接的映射，给予了那些狡猾之人可乘之机。**

（6）既然需要具体的媒介，自然就可被模仿——那样人造出的光芒迷惑了多少人，又掩盖了多少真正的光芒呢？秦桧欺上瞒下，用谎言铸作他的烛火，让皇帝以为他有着顾国忧民之美德，**实际却遮蔽了当空的烈日。幸而，历史中终有一束光芒射出，银烛之火也绝无可能与日月争辉。我们今天得以了解的是岳飞心灵深处名为精忠报国的美的光。**

（5）（6）然而<u>凡是心灵中映射而出的一定是真正的内在美吗？并不尽然。</u>心灵，连带着其中蕴藏的光芒，终究难为人知。所谓心灵映射的光总需要媒介，或是诗词歌赋，或是些许举动——这并没有什么好诘难的，<u>但既然需要具体的媒介，自然就可被模仿——那样人造出的光芒迷惑了多少人，又掩盖了多少真正的光芒呢？秦桧欺上瞒下，将谎言铸作烛火，让皇帝以为他有着顾国忧民之美德，真正的光辉却被一时遮蔽。所幸在历史的证明下，今人得以了解岳飞心灵深处名为精忠报国的美的光。</u>

【教师点评第(5)(6)段原稿及修改稿】

第(6)段紧接着第(5)段的话题分析"媒介"的问题，并且指出媒介可能会掩盖真正的光芒，举了秦桧的例子来加以证明。而岳飞的例子则证明了心灵深处精忠报国的美才是真正的美的光。秦桧是银烛之火，而岳飞应该就是耀日之光。

但这两段的主要问题是：媒介的话题和材料有关系吗？关系大吗？心灵的映射一定需要媒介吗？一定需要诗词曲赋、举动这样的媒介吗？秦桧例子中的媒介是什么？是他的谎言吗？岳飞例子中的媒介又是什么？好像看不出来。

修改稿将（5）（6）两段合二为一，并且增加了一句话和删去了一句话。增加的一句话是："凡是心灵中映射而出的一定是真正的内在美吗？并不尽然。"目的是为了和第（4）段相呼应，起到转折的作用。第（4）段说的是经过心灵映射的美才是美，第（5）段说的是经过心灵映射的不一定都是美。所以，增加的这一句话还是挺重要的，起到了很好的承上启下和转折的作用。

但是，对于媒介到底是不是心灵映射的必要条件、媒介是不是载体的意思等内容，表述得还不够清晰；以及秦桧和岳飞的这两个例子是否准确、恰当等问题，还是没有得到解决，因为确实很难解决。这些其实也是原文的问题。将诗词歌赋和举动等作为"心灵"映射"美的光"所必需的媒介比较牵强；而秦桧和岳飞的例子更是不够精准，给人更加牵强的感觉。

如果深究起来可能会渐渐走进说不清道不明的死胡同，建议原作不如把媒介一段删除，改为深入分析其他更重要的内容："美"和"心灵"彼此到底是什么关系？心灵是如何产生和映射美的？哪些美是不需要心灵映射的？这些美又是怎样的美？美是否也可以反过来对心灵产生影响？……这些问题的探讨，可能比纠缠于说不清的媒介的话题更有意义，也更容易说清楚。

（7）**没有心灵之映射，无所谓美；然而另一方面，心灵的映射又证明不了其真实性。它太容易模仿，又太容易隐藏，到最后只剩下看似美的光映射而出。但无论如何，历史向前奔流而不停息，我们已经跨过了追寻纯粹外在之美的时代，**面对分辨真假的美的光之问题，保持理性与冷静，时刻分辨那些惑人的银烛之火，如夸父般追逐初升之日，终有一天，阳光将普照大地，烛火自惭形秽。

（7）**历史向前奔流而不停息，我们已经意识到追寻纯粹外在之美的浅薄，**

<u>也意识到没有心灵之映射，便不存在有意义之美。如今我们需要的，是在心</u><u>灵映射的基础上判断这份美的真实性的能力</u>。面对分辨真假的美的光之问题，保持理性与冷静，时刻分辨那些惑人的银烛之火，如夸父般追逐初升之日，终有一天，阳光将普照大地，烛火自惭形秽。

【教师点评第(7)段原稿及修改稿】

第(7)段说的是：心灵映射美很重要，但是心灵映射可能是假的，所以美也就不是真正的美了。我们应该怎么做呢？要保持理性和冷静，去分辨哪一种是真正的美，也就是耀日之光，哪一种是虚假的美，也就是银烛之火。

修改稿基本尊重原稿的思路和内容，只是做了一些语言上的调整。

纵观全文，作者将美分为外在美和内在美、真的美和假的美。之所以会真假难辨是因为心灵映射本身的局限性，证明不了美的真实性。最后我们要努力去分清美的真假。

分析看似很复杂，但其实逻辑比较单一，而且重点把握得不够精准。美的"真假"看似辩证，但其实并不是这个作文题目的核心，题目的核心应该是探讨心灵和美的双向辩证"关系"。在分析两者关系的时候，可以抓住"映射"和"源泉"这样的核心词来阐述具体是怎样的关系，然后由浅入深、有条不紊、不蔓不枝。这样无论是写还是读，都会感觉轻松而又深入。

［注：此节中第一篇学生习作《向光而生》的作者是上外附中 2023 届高三(7)班学生陆菲然，互评的"同学甲"是张子轩、互评的"同学乙"是史明达。第二篇学生习作《做白沙不做蓬草》的作者是上外附中 2023 届高三(7)班学生杨寓麟，互评的"同学甲"是唐海越、互评的"同学乙"是陆菲然。第三篇学生习作《平凡之外》的作者是上外附中 2026 届高二(3)班学生陈依柔。第四篇学生习作《世上皆庸人》的作者是上外附中 2026 届高二(3)班学生成思萱。第五篇学生习作《耀日与银烛之火》的作者是上外附中 2023 届高三(7)班学生李显宗，修改、升格的四名学生分别是陆菲然、唐海越、胡诗琪和丁幸儿。］

第二节　辩证思维和逻辑思维的发展

——用"论辨式"教学法全息式解读《五石之瓠》

摘　要

一、辩证思维和逻辑思维能力

（一）辩证思维能力

（二）逻辑思维能力

二、辩证思维和逻辑思维的发展——以"用'论辨式'教学法全息式解读《五石之瓠》"为例

（一）辩证思维的发展："论辨式"教学法

1. 概念界定

2. 立足"论辩之本"，用"论辨"的教学方式，以"辨"论"辩"

（二）逻辑思维的发展："全息式"观照解读法

1. 概念界定

2. 以"意焦"着手，以"观照"着眼，以"全息"着力

（三）自助放题式作业任务群

一、辩证思维和逻辑思维能力

（一）辩证思维能力

辩证思维能力是承认矛盾、分析矛盾、解决矛盾，善于抓住关键、找准重点、洞察事物发展规律的能力。

包括以下几个方面：

（1）能够深刻理解事物的矛盾性和复杂性，用辩证的眼光去看待问题，从

而把握问题的本质。

（2）能够对过去的经验进行反思和总结，从而发现经验中的一般性规律，更好地应对未来的问题。

（3）能够将多种观点、因素、方案等进行综合思考和分析，能够创造性地提出解决问题的新思路和新方法。

（4）能够及时积累和更新知识，适应环境、市场、技术等的变化和需求，不断提高解决复杂问题的能力。

（二）逻辑思维能力

逻辑思维能力是人们在认知过程中借助概念、判断、推理来反映对象的能力。

二、辩证思维和逻辑思维的发展——以"用'论辨式'教学法全息式解读《五石之瓠》"为例

（一）辩证思维的发展："论辨式"教学法

1. 概念界定

所谓"论辨式"教学法，既指形式，也指内容。形式上，"论辨式"教学法指的是用"论辨"的教学形式激活学生的辩证思维能力，同时用论辨的语言和形式让思维碰撞，触动彼此深层思辨的机关，在碰撞中磨合，在磨合中深入，以期达成共识或者共赢。内容上，"论辨式"教学法可以结合文本本身的"论辩"内容，在"论辩"的基础上继续"论辨"，是对"论辩"的"论辨"。

需要注意的是这两个 biàn 字的不同写法。"论辨式"教学法中的"辨"字，区别于"论辩"的"辩"字。所谓"论辨"，既有"论辩"的意思，更有"分辨"的意思。不仅需要针锋相对地辩论，更需要在辩论的过程中细细分辨细枝末节、皮里阳秋。因为"论辨式"教学法的根本目的不是"争胜负"，而是"辨真伪""辨高下"。

2. 立足"论辩"文本，用"论辩"的教学方式，以"辨"论"辩"

立足文本，拓展教材，用三则"论辩对话"延展教学广度。

课文文本《五石之瓠》①节选自《庄子·逍遥游》,题目是编者所加。《五石之瓠》用两则"论辩对话"构成了两个寓言故事,再加上导入课堂的一则"论辩对话",三则"论辩对话"延展了教学的广度。

第一则"论辩对话",即《庄子·秋水》中著名的"濠梁之辩",课前补充以导入课堂。

第二则"论辩对话",即课文节选的"大瓠之辩",是课堂讲解的重点。

第三则"论辩对话",即课后补充的"大树之辩",进一步加深对文本的理解。

【课前准备】"濠梁之辩"的阅读和辨析。

"濠梁之辩"记载于《庄子·秋水》篇中,讲述的是春秋战国时期两位思想家庄子和惠子的一次辩论。

庄子与惠子游于濠梁之上。庄子曰:"鲦鱼出游从容,是鱼之乐也。"惠子曰:"子非鱼,安知鱼之乐?"庄子曰:"子非我,安知我不知鱼之乐?"惠子曰:"我非子,固不知子矣;子固非鱼也,子之不知鱼之乐,全矣!"庄子曰:"请循其本。子曰'汝安知鱼乐'云者,既已知吾知之而问我,我知之濠上也。"

【课上导入】问题引领式导入,即第一则"论辩对话"。

问题引领:这次辩论以河中的鱼是否快乐以及双方怎么知道鱼是否快乐为核心,你觉得最后到底谁赢了?

学生在提前预习的过程中形成两个不同"派别":"庄子获胜派"和"惠子获胜派"。

"惠子获胜派"所持核心观点:惠子胜在逻辑。

惠子,即惠施,是先秦名家的代表人物。和庄子既是朋友,又是论敌。《庄子》一书记载了他们之间的许多辩论,这只是其中的一次。这个故事很有名,受到古今中外读者的欣赏。他们的辩论究竟谁是谁非、谁输谁赢,历来见

---

① 《五石之瓠》,教育部组织编写:《普通高中教科书 语文 选择性必修 上册》,人民教育出版社,2019,第49—50页。

仁见智。

但名家是研究逻辑的，从逻辑上说，应该是惠施占了上风。因为人和鱼是不同类别的，所以人怎么可能知道鱼的心理呢？庄子最后巧妙地窜改了惠子的本意，把一个反问句变成了一个疑问句，其实有一点狡辩的味道。

"庄子获胜派"所持核心观点：庄子胜在境界。

虽然从逻辑上说，庄子有偷换概念之嫌，但是从审美体验上说，庄子也是有道理的。任何动物的痛苦或快乐，人是可以凭观察感受到的。惠子的观点是：人只能自知，不能他知；庄子的观点则是：人既可自知，又能感知其他事物。

《庄子·齐物论》中写道："天地与我并生，万物与我为一。"物我合一，物我相通。庄子对万事万物的理解和感知是超越物我的，所以胜在境界。

【文本探究】"大瓠之辩"，即第二则"论辩对话"。

厘清"套叠式"寓言故事，梳理"大故事"中的"小故事"。

大故事，即惠子跟庄子所讲的惠子"自己的故事"：

惠子谓庄子曰："魏王贻我大瓠之种，我树之成而实五石。以盛水浆，其坚不能自举也。剖之以为瓢，则瓠落无所容。非不呺然大也，吾为其无用而掊之。"

故事微妙，耐人寻味，可以采用"论辩式"教学法中的"聚焦核心词"的方法来启发学生切入肯綮。聚焦三个核心词——"树之""剖之"和"掊之"。同时用"换位思考"的方式引导学生共情析理。

从一开始的"树之"到"剖之"，再到最后的"掊之"，不知道惠子到底是怎么想的？请换位思考，假设你是惠子，你为什么会这么做？

请问惠子：① 为什么一开始"树之"？

② 为什么后来"剖之"？

③ 为什么最后又"掊之"？

④ 你想借自己的这个故事来说明什么道理呢？

得出结论：在惠子看来，很多东西并不如想象中的越大越好。比如这个"大瓠"，因为太大了，有时候往往会大而无用、适得其反，从满怀希望到彻底失望。

对惠子的这个"故事"，庄子用一个"小故事"含蓄又深刻地表明了自己的看法，这就是"大故事"中所套的"小故事"，即庄子所讲的"别人的故事"：

庄子曰："夫子固拙于用大矣。宋人有善为不龟手之药者，世世以洴澼絖为事。客闻之，请买其方百金。聚族而谋之曰：'我世世为洴澼絖，不过数金。今一朝而鬻技百金，请与之。'客得之，以说吴王。越有难，吴王使之将。冬，与越人水战，大败越人，裂地而封之。能不龟手一也，或以封，或不免于洴澼絖，则所用之异也。今子有五石之瓠，何不虑以为大樽而浮乎江湖，而忧其瓠落无所容？则夫子犹有蓬之心也夫！"

故事比较复杂，进行梳理的时候也同样可以用"聚焦核心词"的方法快速领会要点。

提炼核心词：不龟手之药，宋人一朝鬻药方，客百金买药方，宋人免于洴澼絖，客得到裂地封赏，以为大樽浮乎江湖，蓬之心。

同样再用"换位思考"的方式引导学生共情析理：如果你是庄子，你又想借这个寓言故事告诉惠子什么道理？

得出结论：宋人和客都图利，宋人是贪图眼前小利，客是谋取日后大利。看似无用的大瓠可以以之为大樽。

那么，这个故事和惠子又有什么关系呢？惠子刚刚是说"大瓠"大而无用，现在这个"不龟手之药"难道也是大而无用吗？显然不是。这个"不龟手之药"不仅有小用，而且还有大用。如果是这样，庄子说的这个寓言故事岂不是牛头不对马嘴、文不对题了吗？

对此，"论辩式"教学法的前提就已经具备，那就是：有疑点，有辨点，围绕这个疑点展开论辩，且论辩还需要建立在对疑点仔细辨析的基础上。

疑点辨析主要有四个：

① "大瓠"和"不龟手之药"有相似之处吗？

② 惠子和宋人有相似之处吗？

③ 庄子和客有相似之处吗？

④ 宋人和客、惠子和庄子、惠子和宋人又有什么不同之处？

学生通过仔细辨析后发现：

① "大瓠"和"不龟手之药"有相似之处吗？

答："大瓠"和"不龟手之药"都看似用处不大。"大瓠"是看似"无用"；"不龟手之药"是看似只有"小用"（在宋人手里），只是后来到了"客"那里，"不龟手之药"发挥了"大用"。因此推测庄子想说的是：现在在你惠子眼里无用的"大瓠"，是不是到了别人手里也可以发挥意想不到的大用呢？

② 惠子和宋人有相似之处吗？

答：惠子和宋人有相似之处，都是目光比较短浅而且比较功利的"庸人"。惠子只看到"大瓠"盛不了东西，虽然很大，但是很脆弱，承受不了重物，所以就击破扔了了事，破罐子破摔，以利取用。宋人只看到"不龟手之药"能用来防止漂洗丝絮后手皲裂，但漂洗丝絮赚的钱太少，所以就卖了药方换取百金，贪图小利。

③ 庄子和客有相似之处吗？

答：都有比较长远的目光，而且善于观察思考。庄子用"大瓠"实现了奇思妙想，客用"不龟手之药"换来了功名利禄。他们都充分发挥了看似"无用"或者"小用"之物的"大用"。

④ 宋人和客、惠子和庄子、惠子和宋人又有什么不同之处？

答：宋人和客，本质相同，都唯利是图。但也有不同：一个目光短浅（小用），一个目标长远（大用）。

惠子和庄子，本质不同：惠子有一颗"蓬之心"，庄子有一颗"浮乎江湖"的"江湖心"。课文注解"蓬之心"为"不通达的见识"。可见，惠子在庄子眼中就是一个见识短浅的庸人。庄子毫不客气地指出问题所在：并不是"大瓠""大而无用"，而是你惠子自己"拙于用大"。瓠，也就是葫芦，没有问题，是你惠子自己的问题,不会用。

惠子和宋人,看似不同,其实本质相同,都目光短浅,唯"用"是图。

有了这些疑点,以及对疑点的仔细辨析,论辩的焦点也就呼之欲出:惠子和庄子,孰是孰非?

在论辩过程中,仍然还是要"聚焦核心词",即"大樽"和"蓬之心"。学生当场组成正反两方展开了激烈的辩论,争执不下。惠子方的核心观点是:庄子所谓的将"大瓠"当作"大樽",其实质仍然是"无用",而非"大用"。

所以,"大瓠"在庄子看来完全可以变成"大樽",可以让庄子优游自在地浮于江上。但这个真的就是"大用"吗?还是仍然是"无用"?这一点是难点,也是关键点,需要仔细辨析。坐在"大樽"里浮于江上,其实正是非功利的"大用",或者说是看似无用的大用,是超越世俗的大用。这是庄子思想的核心所在:无用的大用。

有疑点—仔细辨析—展开论辩,整个过程一环紧扣一环,环环相扣,螺旋式上升。

【文本拓展】"大树之辩",即第三则"论辩对话"。

惠子谓庄子曰:"吾有大树,人谓之樗。其大本拥肿而不中绳墨,其小枝卷曲而不中规矩,立之涂,匠者不顾。今子之言,大而无用,众所同去也。"

庄子曰:"子独不见狸狌乎?卑身而伏,以候敖者;东西跳梁,不辟高下;中于机辟,死于罔罟。今夫斄牛,其大若垂天之云。此能为大矣,而不能执鼠。今子有大树,患其无用,何不树之于无何有之乡,广莫之野,彷徨乎无为其侧,逍遥乎寝卧其下。不夭斤斧,物无害者,无所可用,安所困苦哉!"

第三则"论辩对话"是课堂最后给学生的补充材料,也是紧接着课文文本选段的后面一段。因为没有被选入课文,所以将其作为补充资料进一步拓展文本,加深学生对文本的理解。

对这则"论辩对话",学生也需要对核心概念进一步辨析:大树、斄牛和大瓠,它们的相似处在哪里？大树、嫠牛、大瓠、狸狌和不龟手之药又有哪些异同？以"辨"论"辩","辨"是前提也是过程,"辩"是过程更是提升。须知"论辩式"教学法的根本目的不是"争胜负",而是"辨真伪""辨高下"。同时,这则"大树之辩"也再次印证了"大瓠之辩"的疑点,即庄子在这则论辩中再次明确了观点："不夭斤斧,物无害者,无所可用,安所困苦哉！"无用,因此不会受害,就不会有困苦,这就是最大的乐,逍遥之乐,无用是为大用。

在《五石之瓠》的教学过程中,首先通过问题导入,引导学生对文本所涉及的三则"论辩对话"进行"辨析和论辩"；然后在论辩的过程中,引导学生用辩证的眼光看待问题,从而把握问题的本质,进而发现经验中的一般性规律,创造性地提出解决问题的新思路和新方法,从而提升解决复杂问题的能力。

(二) 逻辑思维的发展："全息式"观照解读法

1. 概念界定

所谓"全息式"观照解读,取自"全息照相技术"的概念,两者有类似之处。全息照相技术,指的是只要得到照片的任何一个部分,就能还原整张照片的原貌。而语文的教学过程,与此十分相似。课文文本基本上都是原著的截取片段,如何管中窥豹,不妨借鉴照相的"全息技术"。

同时,"全息式"观照解读,也需要"全息意焦"式的切入和引导,通过吸引力法则来吸引学生、读者,甚至是教师自己,来最终认知事物的全貌。"意焦"并不是事物的本体,而是一种观点,是对事物的某一角度的认知结果。"观照",最早出自佛经《楞严经》,意思是以智慧观事、理诸法,而照见明了之意。后来被引为美学术语,也叫静观,指主体在超功利的状态下对事物（客体）特性进行观察、体验、判断、审视等特有的心理活动。

2. 以"意焦"着手,以"观照"着眼,以"全息"着力

以"意焦"着手,即立足阅读主体——文本中的人物、文本的作者、文本的读者,从三个角度多维立体地观照文本,以期尽可能全面地解读文本。当然,在这个过程中,教师也要努力从被动转为主动,通过吸引力法则来吸引学生,

也包括教师自身,从而更积极地投身于对文本的"感同身受"中。

对《五石之瓠》的解读,就是采用问题引领、聚焦核心词、换位思考、辨析论辩的方式来吸引学生和读者的注意力,激发兴趣,激活思维,从而形成独到的观点。在辨析论辩的过程中,彼此观点碰撞磨合,相互启发甚至融合,形成更全面、客观、深刻的认知结果,从而对事物主体形成全景式观照。

"观照",也叫静观,虽是美学术语,但也可以作为文学鉴赏的术语。鲁迅在《〈华盖集〉题记》中写道:"我知道伟大的人物能洞见三世,观照一切,历大苦恼,尝大欢喜,发大慈悲。"如果说"着手"是切入点,那么"着眼"就是深入点,需要细心的观察、切身的体验、精准的判断、透彻的审视,而这一切文学阅读活动都必须建立在"超功利"的基础上,才可能实现理想的大观照。

在带领学生观照解读《五石之瓠》的过程中,首先,笔者特别强调一个"辨"字,细细分辨字里行间的表情达意。比如惠子的"树之""剖之""掊之",分析树、剖、掊三个字表现了惠子怎样的心理变化过程。再比如对人物也强调要细细分析,比较人物之间的微妙不同。初看庄子和客,似乎大同小异,但经过仔细分析,实乃小同大异。惠子与宋人的比较也是如此。其次,"超功利"的观照原则,指的是学生在解读过程中所需要的超越世俗功利,包括应试功利的一种理想状态,以"意焦"着手,以"观照"着眼,切入并且深入文本和作者创作原旨本身,回归原点,返璞归真。

以"全息"着力需要两个重要条件:积累和推理。在《五石之瓠》的教学过程中,笔者首先尽可能地在课文文本选段的基础上,提供其他比较重要的相关文本。比如,在课文文本"大瓠之辩"的基础上,提供了另外两则论辩文本——"濠梁之辩"和"大树之辩"。虽然任何一个部分都可能还原整张照片的原貌,但如果能够多提供几张不同部分的照片,岂不是更有利于准确、客观地还原照片原貌吗?这一张张的照片是需要积累的,多多益善。其次是推理,单张照片与照片之间存在怎样的内在联系?好比拼图,每张拼图之间都有一定的逻辑关系,只是往往不能轻易识破。好比每个读者手中只有一张照片,只能形成一种观点,但如果有多张照片,就可以帮助读者更全面地看清照片的全貌和原貌了。因此，对三则"论辩对话"的比较和分析就显得尤为重要了。

用"濠梁之辩"导入课文，让学生看到庄子感性、超我的一面。

用"大瓠之辩"解读课文，让学生看到庄子无用、超凡的一面。

用"大树之辩"拓展课文，让学生看到庄子无欲、逍遥的一面。

这三面彼此交融，相互映照，互为因果，学生在比较和推演的过程中，看到了庄子身上一个立体、全息、大写的人字。"无所待而游于无穷，方是《逍遥游》一篇纲要。"

以"意焦"着手，以"观照"着眼，以"全息"着力。以各种方式激励学生形成多元观点、独到见解，继而通过观察、体验、判断、审视等方式超功利地观照、检验、论证观点，最后以期"全息式"解读还原文本真相，判天地之美，析万物之理。这个过程也是培养逻辑思维能力的过程。

（三）自助放题式作业任务群

自助放题式作业任务群的设计标准是：紧扣文本，多重层次，自主选择，自助完成，不设限量，多元提升，旨在继续培养和提升学生的辩证思维能力和逻辑思维能力。

自助放题式作业任务群的形式是：自助＋放题。

自助，既可以自由选择多项作业中的一项或几项，也可以选择独立完成或多人合作完成，同时多人合作完成的作业也需要小组内成员相互助力，小组与小组之间也可以互通有无。学生在完成作业的过程中，也可以请教外援，比如本学科教师或者跨学科教师等。既是自助，也是互助，而互助也是自助。

放题，既指"量"上的选择不限，也指"质"上的提升无限。作业的各项内容只设置了基本要求，学生可以在各项作业中将质量做到最好。同时《五石之瓠》的五项作业设计，就已经超越了一般常规性作业的要求，已经不仅仅是字词文意的解释和掌握。这五项作业都是基于检验和提升学习综合能力的要求，既与课文联系紧密，同时又打破文本的局限性，旨在激发学生的无穷潜力。"放题"中的"放"字，就是有收有放、先收后放、收放自如的意思。

自助放题式作业任务群量表设计如下：

表 1　自助放题式作业任务群量表

选项	内　容	要　求	评　分　细　则	备注
1	仿写：模仿课文内容编撰两则寓言故事来阐释说理，说理内容要有独创性。两则寓言之间有内在的逻辑关系，可以互为因果，也可以相互辩驳。	寓言故事必须原创；可以两人合作，也可以一人独立完成。	9—10 分：故事生动巧妙、寓意深刻；两则故事关联紧密。 6—8 分：故事较生动合理、寓意较深刻；两则故事关联较紧密。 0—5 分：故事不太合理，寓意不够明显；两则故事关联不够紧密。	
2	续写：紧接着课文内容，站在庄子和惠子的角度续写一则或多则"论辩对话"，继续深入说理。	续写的论辩说理，要与课文原文有衔接并能深入拓展；必须原创；可以合作完成，也可以独立完成。	9—10 分：故事生动巧妙、寓意深刻，续写和课文原文关系紧密并有深入拓展。 6—8 分：故事较生动合理、寓意较深刻；续写和课文原文有一定关系。 0—5 分：故事不太合理，寓意不够明显；续写和课文原文关系不大。	
3	小论文：查阅庄子或惠子等的相关资料，完成一篇研究小论文。	必须原创；查阅引用资料需注明出处，不少于2 000 字。	9—10 分：资料翔实，阐释清晰，有独立见解，论证严谨。 6—8 分：资料较丰富，阐释较清晰，有一定见解，论证合理。 0—5 分：资料不够丰富，阐释不够清晰，见解不明显，论证不够合理。	
4	宣讲：可以是小论文的宣讲，也可以是续写或仿写作品的宣讲，也可以模仿老师上一堂"公开课"，对课文重新进行独立讲解。	可以多人合作，也可以独立完成，但宣讲人数限定 1 人；要求制作 PPT，宣讲时间 10—20 分钟。	9—10 分：宣讲语言生动、有感染力，思路清晰，内容充实，有独立见解，PPT 制作精良。 6—8 分：宣讲语言较生动，思路较清晰，内容完整，有一定见解，PPT 制作较好。 0—5 分：宣讲语言不够生动，思路不够清晰，内容不够完整，见解不够明显，PPT 制作一般。	

（续表）

选项	内　　容	要　　求	评　分　细　则	备注
5	开放作业：自己设计一份《五石之瓠》的课后作业。	作业设计要求：作业内容明确，有可操作性，对学习能力有提升。	9—10分：作业内容明确，且有创意，有很强的可操作性，对学习能力有明显提升。 6—8分：作业内容较清晰，有一定的可操作性，对学习能力有一定提升。 0—5分：作业内容不够清晰，可操作性一般，对学习能力提升不足。	

第三节　开放思维和创造思维的提升
——高三诗歌阅读理解及创作时"三重身份"的转换

 摘　要

一、开放思维和创造思维的特点

（一）开放思维的特点

（二）创造思维的特点

二、开放思维和创造思维的培养——以"高三诗歌阅读理解及创作时'三重身份'的转换"教学为例

（一）开放思维的培养

（二）创造思维的培养

一、开放思维和创造思维的特点

（一）开放思维的特点

所谓"开放思维"，指突破传统思维定式和狭隘眼界，多视角、全方位地看待问题，并且多方接受新观点、新想法，以灵活调整自己的思维方式。

开放思维有这样几个主要特点。(1)拓展性。不会拘囿于自身认知领域和已有的传统思维方式,尝试拓宽新的知识、技能,提升认知水平。(2)包容性。尊重他人的观点和意见,愿意倾听不同的声音并加以有选择地采纳。(3)灵活性。能够适应不断变化的环境和需求,并进而调整自己的想法。

这种思维方式,有助于促进创新和跨界思考,也有助于解决复杂棘手的问题。

(二)创造思维的特点

所谓"创造思维",指打破惯常的思维方式,重新组合并运用多种思维方式,保持连续性和顺畅性,得出有价值的新思维成果的思维过程。

创造思维有这样几个主要特点。(1)独创性。是新颖而有价值的思维活动。(2)流畅性。在思考过程中保持连续性和顺畅性。(3)综合性。把事物放在系统中进行思考,全方位、多层次、多方面地进行分析和综合,是多种思维方式的综合运用。

这种思维方式,有助于培养创新和开拓能力,也有助于迎接挑战,创造更好的未来。

二、开放思维和创造思维的培养——以"高三诗歌阅读理解及创作时'三重身份'的转换"教学为例

(一)开放思维的培养

一重身份:考生的身份。

先来看一道旨在培养学生"开放思维"的题目。这道题目也是命题老师"开放思维"的成果,是一道特别有创意的诗歌鉴赏题。

【甲】

今年正月十四日,与子由别于陈州,五月,子由复至齐安,以诗迎之①

[北宋] 苏 轼

惊尘急雪满貂裘,泪洒东风别宛丘。

又向邯郸枕中见，却来云梦泽南州。

暝离动作三年计，牵挽当为十日留。

早晚青山映黄发，相看万事一时休②。

【注释】① 元丰二年苏轼被贬黄州，十四日与苏辙相别陈州，先赴黄州。苏辙随后携苏轼家小至黄，再自赴筠州谪任。齐安：黄州古称。② 苏轼自注：柳子厚《别刘梦得》诗云："皇恩若许归田去，黄发相看万事休。"

【乙】

舟次磁湖，以风浪留二日不得进，子瞻以诗见寄

[北宋] 苏　辙

惭愧江淮南北风，扁舟千里得相从。

黄州不到六十里，白浪俄生百万重。

自笑一生浑类此，可怜万事不由侬。

夜深魂梦先飞去，风雨对床闻晓钟。

【题目】请对乙诗尾联进行合理想象，设计一段兄弟"风雨对床"时的对话。

苏轼惊问：子由，这大风大雨天，你怎么深夜独自过来了？

苏辙：＿＿＿＿＿＿＿＿＿＿＿＿＿＿＿＿＿＿＿＿＿＿＿＿＿＿

苏轼：＿＿＿＿＿＿＿＿＿＿＿＿＿＿＿＿＿＿＿＿＿＿＿＿＿＿

这道"开放思维题"很有创意，也很有挑战，似乎是没有边际的"纯开放题"，好像写什么都可以。但真的是这样吗？我们先以第一重身份——"考生的身份"来分析这道题。

比较两名考生的回答：

考生一：

苏辙：想到你我仕途不顺，心中烦闷忧愁，难以入眠。

苏轼：为官之路坎坷是常有的，做人臣无法左右，不如心胸豁达一些，看开一点。

考生二：

苏辙：子美,夜深时我的灵魂与梦境先行飞向了你,思念之深让我辗转难眠。纵使万重阻隔,我也要与你相见,在风雨时一同等待破晓的来临。

苏轼：子由,我这一生艰难曲折。被贬黄州后无奈又悲伤,还好有你。只要我们兄弟俩生死共担,又有何惧? 离别是为了更好地重逢。晚安,望好梦。

考生一侧重"为官角度",考生二侧重"情深角度",但都忽略了一个重要的情境问题:当时兄弟俩是在怎样的背景下进行对话的? 苏轼的"问"中有两个关键词:深夜和独自过来。言下之意是什么?

看第一首诗的注释①:"元丰二年苏轼被贬黄州,十四日与苏辙相别陈州,先赴黄州。苏辙随后携苏轼家小至黄,再自赴筠州谪任。"苏轼的言下之意就是:你原本应该携我的家小一起前来的啊! 现在怎么是你一个人独自过来了呢? 作为弟弟的苏辙难道听不出兄长的言外之意吗? 应该可以听出,但是不少考生却没有听出。所以,面对苏轼的询问,苏辙的第一反应应该是什么? 是愧疚和遗憾。还有什么? 对兄长的思念及对其仕途不顺的安慰等。

考生一苏辙的回答有的是安慰,考生二苏辙的回答有的是思念,但都没有愧疚和遗憾。所以苏辙应该怎样回答才更符合情境要求,且能够做到既合情又合理呢?

下面是考生三的回答:

苏辙：我们相继被贬,我距你不过六十里,可这风雨使我们无法更快相见,只能于梦中相会。可笑啊,这世事总不遂人愿!

这名考生的回答比较能突出苏辙遗憾的心情——"可笑啊,这世事总不遂人愿",契合了当时因为大风大雨所以无法携苏轼妻小一同前来的遗憾和愧疚。

再看"参考答案"怎么写:

苏辙：子瞻吾兄,陈州一别已有五月,黄州相聚令人期待,惜乎即将到达却突逢大浪。生如逆旅,天下之事大多如此,十有八九无法顺遂我们的心愿。

参考答案不仅契合当时情境,凸显苏辙的遗憾之情,而且语言有些半文半白，模仿了古人的文笔，增添了亮色。另外，参考答案中"子瞻吾兄"的称呼也值得一提，亲切又准确。

回看前面考生二笔下的苏辙，竟然不小心误称兄长苏轼（字子瞻）为"子美"，虽然是个小错，但未免有些伤了兄长的心吧。在考场上，这些文化常识方面的小错要尽量避免。

那么，面对苏辙的回答，苏轼又怎么回答为好呢？

考生一苏轼的回答是：<u>为官之路坎坷是常有的，做人臣无法左右，不如心胸豁达一些，看开一点。</u>

考生二苏轼的回答是：<u>子由，我这一生艰难曲折。被贬黄州后无奈又悲伤，还好有你。只要我们兄弟俩生死共担，又有何惧？离别是为了更好地重逢。晚安，望好梦。</u>

考生一侧重为官坎坷的看开和豁达。考生二侧重兄弟情深的感动和安慰。但是，他们紧密结合诗歌以及诗歌注释了吗？

苏轼诗歌的尾联是："早晚青山映黄发，相看万事一时休。"注释②写的是：苏轼自注：柳子厚《别刘梦得》诗云："皇恩若许归田去，黄发相看万事休。"

所以，苏轼当时的心境最有可能是什么？确实是要心胸豁达和看开一些。但是具体怎么看开？那就是畅想日后的共同归隐啊。诗歌和注释里写得明明白白。我们要善于从诗歌和注释中寻找蛛丝马迹，这样才可能准确地把握诗人当时的心境。

再看刚刚考生三的回答：

苏轼：<u>既然来了，这次多待一会儿吧！虽然我们如今遭贬，但早晚我们辞官归隐，游玩山水之间，便不为这官场不如意所困了！</u>

最后看参考答案：

苏轼：<u>子由不必烦忧，尽管即将面临更加漫长的分别，但此刻的短暂相聚也是一件值得高兴的事情。希望我们早日脱离宦海沉浮，归隐山林，洒脱自在。</u>

两个回答可谓异曲同工,都把握住了情境题的诀窍,那就是:合情、合理、合境。

命题老师也好,应考学生也罢,尝试这样的"开放思维题",都需要把握好几个基本原则:第一,要有一定的"拓展性"。无论是题型还是答题的思路,都要有一定的突破性,要和传统的命题、答题方式有所不同。第二,要有一定的"包容性"。既然是开放题,要给予考生一定的包容度,苏轼和苏辙兄弟的对话,只要符合基本要求,可以百花齐放。第三,要有一定的"灵活性"。考生的答案,包括试题的参考答案,都需要适应不断变化的环境和需求,以调整自己的答案。具体来说,就是需要符合题目所设置的"情境"要求。

二重身份:阅卷老师的身份。

阅读下面两首诗,完成下列小题。

立秋日祷雨宿灵隐寺同周徐二令

[北宋] 苏 轼

百重堆案掣身闲,一叶秋声对榻眠。

床下雪霜侵户月,枕中琴筑落阶泉。

崎岖世味尝应遍,寂寞山栖老渐便。

惟有悯农心尚在,起瞻云汉更茫然。

次韵子瞻祈雨

[北宋] 苏 辙

世故纷纷谁复闲,蛟龙不雨独安眠。

人间已厌三秋旱,洞底犹悭一掬泉。

庙令酒肴时醉饱,田家糠秕久安便。

忧心未已谁知恤,更把炉香试一燃。

【题目】两首诗都用对比的手法抒发悯农之心,而具体表现又有不同,请加以分析。(5分)

相比刚刚那道特别开放的题目,这道题似乎比较传统,好像没有任何开放之处。"对比"的手法是常见的考点，但这道题的难度也恰恰在于"平常"中的"不平常"，"不开放"中的"开放"。刚才是以考生的身份，现在不妨换位思考，试着以阅卷老师的身份给四名考生的答案打分。

【参考答案】

前一首诗中，前三联写自己从繁重的案牍中抽身的安闲、看穿世事后对个人境遇的安适，这与尾联表达的对百姓生计的忧心形成对比，强化了作者的悯农之心。

后一首诗中，前三联的每一联都用对比，人事纷纷与蛟龙安眠、百姓盼雨与上天慳雨、庙令享酒肴与百姓吃糠秕等，在这三层对比的铺垫之后，作者在尾联中集中抒发对百姓生计的深重忧虑。

参考答案有一个妙处值得一提：没有简单考查"对比"这一写作手法的术语，而是考查考生对这一手法的理解和比较。

题目明确告诉两首诗都运用了"对比"的手法，而且抒发的都是"悯农之心"，让考生分析的恰恰是其他难度更高的内容，就是比较两首诗"对比"手法的"运用方式"有何不同，以及表达悯农之情的"抒发方式"又有何不同。这又是一道比较题。

这也是一种"开放思维"。开放思维的第一个特点"拓展性"在这道诗歌鉴赏题里，就表现为不被"术语"所拘囿，考查的不是考生对术语的"记忆能力"，而是对术语的"认知水平"，而且在认知的基础上继续"比较分析"，难度又上了一个台阶。

第一首诗的对比是前后对比，是总的对比，是非常鲜明的对比，用以强化"悯农之心"，甚至还设置了一些"悬念"。前面三联都在凸显一个"闲"字，读到最后才发现，前面大量的"闲心"似乎都是为后面的"悯心"蓄势，最后"闲心"与"悯心"的鲜明对比，甚至让读者感到有些意外。

第二首诗的对比则是每一联都对比。每一处对比都让人感觉到"悲愤"之情，然后所有的"悲愤"之情都积聚起来，直到诗歌的最后才水到渠成地、压抑不住地喷薄而出,指出有悲愤之情的根本原因在于悯农之心,完全在意料之中。

"开放思维"的第二个特点"包容性"表现在这道诗歌鉴赏题里,就是首先尊重考生不同的解读和理解,当然尊重并不意味着无限宽容,最终还是要选择性地采纳。

【考生答案示例】第一首将自己尝遍世间百味心已平静、安适与仍怀有悯农之心对比,更突出悯农之心的强烈。第二首将世人无闲与蛟龙不下雨独独安眠对比,凸显干旱时间之长,体现了悯农之心;将人间干旱与洞有泉对比,凸显干旱之严重,表达了对农民的同情之心;将贵族的时有开酒与农民粮食不足粗糙、只能向神求雨对比,控诉朝廷不作为,表达了悯农之心。最后再点明自己"忧心未已",没有谁能够体恤的悲哀之情。两首诗都用了对比的手法,起到强调作用,有讽刺意味,情感强烈,但也有所不同。

【教师点评】第一首对比理解正确得1分,第二首三组对比全部写对得2分,强调突出手法得1分,悯农心情感得1分。最终得分:5分,满分。

"开放思维"的第三个特点"灵活性"表现在这首诗歌鉴赏题里,就是要引导学生在对两首诗进行比较分析的时候,必须结合整首诗的前后内容,同时紧贴题目的具体要求,调整自己的思维方式,然后根据题目要求精准地表达自己的观点。

比如上面的学生答案示例,就是紧扣两首诗的具体内容,逐一进行分析。第一首诗抓住了前后对比的手法,第二首诗抓住了三个连续对比的手法,并且分别写出具体怎么对比。在如何抒发悯农心这个问题上,这名考生也能够根据诗作内容灵活调整自己的答案,第一首诗是突出强调,第二首诗是每一联都提到了如何抒发悯农之心,最后再点明自己"忧心未已"的无奈和痛苦。这名考生的答案接近完美。

所以,这道诗歌鉴赏题看似有些传统和保守,实则不然,它对学生"开放思维"的要求其实很高。这个开放不是没有边际的开放,而是在一定范围里的精准的、严谨的开放，而且还必须是有根有据的开放。这种思维方式，有助于促进学生创新和跨界思考，也有助于学生在解答一些比较复杂和棘手的问题时，能够不偏不倚，直捣黄龙。

(二) 创造思维的培养

三重身份：命题老师的身份。

前面分别以"考生"和"阅卷老师"的身份比较阅读，现在试以"命题老师"的身份来原创"诗歌鉴赏题"，而且是三首诗歌的"比较鉴赏题"。诗歌题目皆为学生原创。

早　梅

［唐］张　谓

一树寒梅白玉条，迥临村路傍溪桥。

不知近水花先发，疑是经冬雪未销。

古梅(其一)

［南宋］范成大

孤标元不斗芳菲，雨瘦风皴老更奇。

压倒嫩条千万蕊，只消疏影两三枝。

卜算子·咏梅

［南宋］陆　游

驿外断桥边，寂寞开无主。已是黄昏独自愁，更著风和雨。

无意苦争春，一任群芳妒。零落成泥碾作尘，只有香如故。

【原创题一】

联系三首诗的创作背景，分析诗人借梅花表达的情感的异同。

【原创题二】

古人云：和光同尘，不能为皎皎之操。

张谓淡泊名利。早年，他曾隐居嵩山苦读，清才拔萃，泛览流观，亦不屈于权势，曾因得罪某个将军而获罪。自此张谓醉心于山水，疏远于世俗。

范成大是宋朝的名臣与文学家。他曾临危受命，在满朝文武无人敢受命的情况下代表南宋朝廷出使金国，进退有度，有勇有谋，不卑不亢地完成了此次外交任务，捍卫了国家的尊严。后因为人处世过于刚直而遭外放，过上了自己熟悉的寄情山水田园的生活。

陆游早年仕途不顺，在任职期间，他多次向皇帝进言，弹劾奸佞、力主北伐，即使数次因为言论获罪，也坚决不改初衷；随着抗金复国的希望日益渺茫，很多人变得低沉，不再坚持；陆游却是异类，他抓住每一次机会针砭时弊，一身正气可昭日月。但多次因为莫须有的罪名而惨遭罢免，最终闲居乡下的陆游寄情山水，用诗和酒来慰藉自己的灵魂。

请结合材料和诗词，分析并概括三位诗人笔下梅的特点。

【原创题三】

三首诗中都存在数量词，结合文本，分析其异同。

【原创题四】

试根据三首诗中"梅"所代表的作者情感，证明黎曼猜想。

【教师点评】

原创题一和原创题二的出题思路比较相似，都是"知人论世"，结合背景来分析诗作。但是第一题没有提供背景，作为高三考场题目，难度偏大。第二题提供了背景，但是内容繁多，无形中也增加了考生选择有效信息的难度，建议可以删减一些。

原创题三和原创题四的出题切入点都比较特别，属于比较有新意的题目。不过，原创题三中"数量词"的角度虽然看上去不错，但结合诗作具体分析，答案可延展的空间和意义其实并不大。原创题四的角度更是出人意料，用语文诗作来证明数学方法，属于跨学科的出题思路。这个思路看上去不错，但论证难度太大，我也特别请出题的学生设计了参考答案，但是学生自己也不知道答案是什么。于是这名学生索性另起炉灶，又出了一道原创题：

有诗家曾言"梅，以韵胜，以格高"，试联系作品对该观点进行评析。

并提供了参考答案：

《早梅》咏赞梅花的高洁，将梅花的高洁品格加以赞美，刻画出梅花的孤芳自赏；《古梅》直接描写梅花老瘦、孤苦与奇特，体现梅的清高；《卜算子·咏梅》则以梅自比，表达了对梅清高品格的赞扬。三者均对梅花的"格"之"高"进行描写，回韵十足，表现梅花"以韵胜，以格高"。

修改后的题目更符合语文学科的特点和要求，是一道不错的考试题目，也是一道有文学底蕴的题目。参考答案也紧贴诗作本身和语文学科的命题要求。美中不足的是，对"以格高"的分析比较到位，但对"以韵胜"的分析只是一笔带过，不够充分，答案还有修正的空间。

"创造思维"的第一个特点是"独创性"。原本的原创题四非常有独创性，打破了语文和数学的学科壁垒，而且是用语文来证明数学，更像是一道数学题。虽然形式非常新颖，设想很好，但实际操作很难。所以，在追求新颖的同时，还要考虑实际操作的可行性。最后，这名学生还是另起炉灶出了一道比较有质量，也比较有文化含量的诗歌鉴赏题。

再看一道非常特别的原创题：

【原创题五】

如将这三首诗中的梅分别比为士人、奇人、玉人，应该如何对应？请说说理由。

【参考答案】

①《早梅》中的梅花，有着洁白如冰雪的颜色，有着"娉娉袅袅十三余"的青春鲜妍，着重描写梅花的"早"和玉雪可爱的特点。三、四两句的起承转合，更体现了梅的可爱本性和作者对这样一位"玉人"的喜爱。

②《古梅》中的梅花，不与其他芳菲争奇斗艳，也不屑于谄媚时俗，像其他花一样开出千万嫩枝细态。古梅自有一番拙朴"侘寂"的冲淡风味，有着不被世俗认同的"瘦""皴"美，类似于反叛世俗的离奇人士，有着奇异的风骨，因而

是一位"奇人"。

③《卜算子·咏梅》中的梅花,也无意争奇斗艳,但却仍被同僚嫉恨,胸中时时怀着天下,愁绪万分,就像戴名世的"忧庵"一样。它处在风雨交加的险恶环境中,忍受着无人理解的寂寞,最终身死而志长存,符合传统儒家对"士人"的要求。

【教师点评】

这道题目最大的亮点就是角度的"奇"和"巧",同时紧贴诗作内容,也体现了出题学生比较深厚的积累和天然的悟性,是一道让人眼前一亮但又能回味良久的好题目!答案的设计也贴合了三首诗词的内容和寓意,对玉人、奇人、士人的分析和对号入座都颇有说服力。

这道原创题,可以说兼具创造思维的"独创性""流畅性"和"综合性"。

独创性:这道题目富有独创性地将"梅"比作"士人""奇人""玉人",并且让答题者分别与三首诗中的"梅"一一对应,并说明理由。仔细看三首诗中的"梅",似乎真的像是为这道题目而作,参考答案的解析,也是新奇又富有见地。

流畅性:三首诗,三类人,需要一一对号入座,在整个思考过程中必须保持思维的连续性,然后进行综合判断。每一类人的对号入座,也需要保持一定的顺畅性,说得通,说得巧,不牵强,顺理成章。

综合性:有"形象思维",借助"梅"的具体形象来展开思维过程,展开想象寻找"三种梅"和"三类人"之间的相似性,再进行归纳和演绎。有"灵感思维"(在不知不觉中突然迅速发生的特殊思维方式,颇有"顿悟"思维的特点)。这道原创题的出题者,是一名特别热爱文学、平时注重积累和擅长创作的学生。这道原创题是在很短的时间里"一挥而就"的,包括参考答案的撰写也是如此。有"抽象思维"(运用概念、判断、推理等来反映现实的思维过程)。"梅"是具体形象,对"士人""奇人"和"玉人"的判断,则首先需要对概念进行准确判断,然后再对"梅"和"人"之间的相似性和相关性进行逻辑推理。

再看一道比较新奇的原创题，与原创题五又不尽相同。

【原创题六】

第二、第三首诗词全篇未提及"梅"字，却处处写梅。结合具体内容，分析这样写的妙处。

【参考答案】

第二首的"雨瘦风皴"和第三首的"风和雨"：环境恶劣，反衬梅的坚忍不拔。（旁面、侧面）

第二首的"不斗芳菲"和第三首的"无意苦争春"：梅的低调沉静。（反面）

第二首的"压倒嫩条"和第三首的"一任群芳妒"：梅的艳压万物。（对面）

第二首的"疏影两三枝"和第三首的"寂寞开无主""独自愁"：梅的超脱物外。（正面视觉情态）

第三首的"香如故"：暗指美德不变。（正面嗅觉香气）

通篇：不提"梅"字，但处处描写梅的各种情态和品质，并且以咏梅喻人，意味深长。

【教师点评】

这个题目的出题思路也比较新奇、有创意。不提梅却处处写梅，与传统的"背面傅粉"手法有异曲同工之妙，即正面不写，写反面，本面不写，写对面，写旁面。不提"梅"字，却处处描写了"梅"的特点。有哪些特点可以看出是梅呢？还需从字里行间寻找依据，这就是"理在词中"的意思了。

美中不足的是，题目只涉及其中的两首诗，第一首诗因为有了"一树寒梅"，所以没有办法被涵盖在内，稍微有点可惜。

【磨题过程】

对于命题老师来说，出题尤其是设计答案的难度可能比学生答题的难度还要大。学生在出题并且设计答案的过程中，也算体会到了其中的甘苦。出题和拟答案的过程，往往都会经历一个"磨"的过程，虽然有点痛苦，但磨砺始得玉成，还是非常值得的。

【原创题七】

三首诗词中都出现了"梅"的意象,分别侧重"梅"的哪个方面?体现了什么特点?用于表达什么精神内涵?

【参考答案】

第一首:花期——寒冬中的坚毅。

第二首:风雨中盛开——孤傲、坚强。

第三首:开放的时间、地点皆与其他不同——可贵品质,凄苦抑郁,感叹人生的失意坎坷。

【教师点评和建议】

意象是一个比较典型的考点,这道原创题要求对三首诗进行综合比较,比较的点比较丰富,分别是侧重哪个方面、体现什么特点、表达什么精神内涵,只是题干的表述有些啰唆,建议可以稍加整合:

三首诗词中都出现了"梅"的意象,分别侧重什么方面来表现"梅"的不同特点?分别体现什么精神内涵?

再看提供的参考答案,也有一点小问题,与题目并没有十分吻合。什么方面?什么特点?什么精神内涵?这几个问题在答案中体现得不够清晰,有点糅在一起的感觉。

建议参考答案也可以稍作修改:

第一首:花期方面,写出花开"早"的特点,体现历经寒冬坎坷、坚毅不屈的精神内涵。

第二首:外形方面,写出花形"古"的特点,体现超尘脱俗、孤傲坚强的精神内涵。

第三首:地点方面,写出花开"冷僻"的特点,体现无私奉献、高洁孤傲、坚贞不屈的精神内涵。

无论是开放思维,还是创造思维,都需要在实践过程中慢慢培养。而在这个过程中，往往需要一枚"指南针"来明确方向，那么，哪里是指向的南方？

让学生体验答题者、阅卷者和命题者"三重身份"转换的目的在于，希望学生能够从各个角度充分体验、精准把握高中语文阅读理解的方法和诀窍，更希望以此激发思维火花，提升思维品质。无论是哪一个角度、哪一重身份，都需要掌握一个基本原则：可以天马行空、暗藏玄机，但必须有理有据、深思慎取。

这或许就是指南针所指向的南方。

［注：此节中所有的学生作品均出自上外附中 2023 届高三(5)至(7)班学生之手，时间为 2023 年 3 月。］

第四章

能力篇：审美鉴赏与创造

第一节　从文学审美到艺术审美
——从《前赤壁赋》《后赤壁赋》的赏析到音乐与绘画的创作

 摘　要

一、文学审美：文本的赏析——恣意美与苍凉美

（一）《前赤壁赋》的"恣意美"

1. 什么是"恣意美"

2."恣意美"的前提和条件——赏析《前赤壁赋》的"恣意美"

（二）《后赤壁赋》的"苍凉美"

1. 什么是"苍凉美"

2. 品味"苍凉美"的方法——赏析《后赤壁赋》的"苍凉美"

二、艺术审美：学生的创作——你方唱罢我登场，挥毫落纸墨痕新

1.《前赤壁赋》：你方唱罢我登场——学生音乐作品的艺术美

2.《后赤壁赋》：挥毫落纸墨痕新——师生绘画作品的艺术美

一、文学审美：文本的赏析——恣意美与苍凉美

(一)《前赤壁赋》[①]的"恣意美"

1. 什么是"恣意美"

"恣意美"形容的是一种无拘无束、纵心任意的美，也是一种天然无痕、自由自在的美。唐代司空图的《移桃栽》诗里有："独临官路易伤摧，从遣春风恣意开。"[②]

苏轼曾经在《答谢民师书》中这样赞美谢民师的文章："大略如行云流水，初无定质，但常行于所当行，常止于不可不止，文理自然，姿态横生。"[③]这是苏轼赞美谢民师文章的话，但后人往往用这句话评价苏轼的文章。"行云流水""姿态横生"，形容的不正是苏轼自己的文风吗？尤其是《前赤壁赋》，有一种自然浑成又随心所欲的美。

2."恣意美"的前提和条件——赏析《前赤壁赋》的"恣意美"

第一段：

壬戌之秋，七月既望，苏子与客泛舟游于赤壁之下。清风徐来，水波不兴。举酒属客，诵明月之诗，歌窈窕之章。少焉，月出于东山之上，徘徊于斗牛之间。白露横江，水光接天。纵一苇之所如，凌万顷之茫然。浩浩乎如冯虚御风，而不知其所止；飘飘乎如遗世独立，羽化而登仙。

第一句："壬戌之秋，七月既望，苏子与客泛舟游于赤壁之下。"这是基本情况介绍：时间、地点、人物、事情。一共二十个字，言简意赅，但又充满诗情画意，"泛舟"两字让人浮想联翩。什么是"泛舟"？就是坐着小船，浮于水上，任意漂浮，一种悠闲适意、逍遥自在的感觉油然而生，因为无欲无求，所以随

---

① 苏轼：《赤壁赋》，教育部组织编写：《普通高中教科书　语文　必修　上册》，人民教育出版社，2019，第118—120页。

② 诗词《移桃栽》是唐代司空图所作，讲述了一个禅客在官道边移植桃树的故事，表达了禅客对大自然的热爱和对生命的感悟。《移桃栽》原诗："独临官路易伤摧，从遣春风恣意开。禅客笑移山上看，流莺直到槛前来。"

③ 《答谢民师书》是苏轼所写的一篇书信体文论，作者用生动简洁、舒展自如的笔墨，称赞了谢民师的诗文，并借此总结了自己的创作经验，这篇书信体现了苏轼文学创作的基本观点。

心所欲。

所以，"恣意美"有一个前提，首先要有一颗"闲适心"。

第二句："清风徐来，水波不兴。"虽然只有八个字，却是千古名句。大家熟悉的明代魏学洢的《核舟记》里也有。《核舟记》描写的是一门特殊的艺术——微雕。核桃上雕刻了苏东坡乘小船游览赤壁的场景。小小的船舱上开了一扇小小的窗户，左边和右边各有四扇，总共八扇。关上窗户，就可见窗户的左边刻着"山高月小，水落石出"八个小字，右边刻着的就是这"清风徐来，水波不兴"八个小字，可见这一句八个字是如何地深入人心。这八个字看似寻常，并没有华丽的辞藻，却如行云流水般自然美好。风是清的，水是静的，一切似乎都刚刚好。

核舟窗户另一边的"山高月小，水落石出"八个字出自苏轼的另一名篇——《后赤壁赋》，同样是八个字，能否将《后赤壁赋》中的这八个字置换到这篇《前赤壁赋》中来呢？

感觉不同：一个凉爽舒畅，一个清冷肃杀。

季节不同：一个是初夏（春夏之交），一个是初冬（秋冬之交）。

《后赤壁赋》的开头是这样的："是岁十月之望，步自雪堂，将归于临皋。……霜露既降，木叶尽脱。……""十月之望"即农历十月十五，是初冬、秋冬之交，"霜露既降"，说明天冷了。而"山高月小，水落石出"八个字描写的正是初冬时节天寒地冻的清冷环境，水位低了，月亮也因为天冷而似乎瑟缩变小了。两个不同的季节，两种不同的心境。

好的语言，三言两语就能精准地传达出情、景、境。

风有了，水有了，最重要的主角还没有出来，那就是月。为什么月是主角？因为这篇《前赤壁赋》描写的是"七月既望"的日子，也就是农历七月十六。这天的月亮应该特别圆，苏轼一行人此行的目的可能就是为了赏月。

第三句："举酒属客，诵明月之诗，歌窈窕之章。"诵的是"明月之诗"。

第四句："少焉，月出于东山之上，徘徊于斗牛之间。"写的是"月出之景"。一切都围绕着明月而来。

第五句："白露横江，水光接天。"这一句里似乎没有月亮，但真的没有吗？其实也有，那就是"水光接天"中的"水光"二字，分明就是水光映着月光啊，水与月在这里融为一体，难分难解。

第六句："纵一苇之所如，凌万顷之茫然。"一个"纵"字，一个"凌"字，尽显作者一行无拘无束、随心所欲的状态。

第七句："浩浩乎如冯虚御风，而不知其所止；飘飘乎如遗世独立，羽化而登仙。"因为随心所欲、无拘无束，渐渐地忘我陶醉到了极致，于是飘飘欲仙了。

第二至第七句，如果仔细读，会发现一个有趣的现象：第二句的"清风徐来，水波不兴"，第三和第四句的明月之诗，月出之景，再到第五句的"白露横江，水光接天"，最后到第七句的"冯虚御风""羽化而登仙"。风—水—月—水—风，正好实现了一个循环。而人就穿梭于风、月、水之间，悠游自在，忘情忘我。这就是行云流水的特点，不知不觉间，一切自然而又巧妙。

所以，"恣意美"还有一个条件，要有一种环境的"自然美"。

接着是第二段：

于是饮酒乐甚，扣舷而歌之。歌曰："桂棹兮兰桨，击空明兮溯流光。渺渺兮予怀，望美人兮天一方。"客有吹洞箫者，倚歌而和之。其声呜呜然，如怨如慕，如泣如诉，余音袅袅，不绝如缕。舞幽壑之潜蛟，泣孤舟之嫠妇。

如果说刚才第一段是景美，心也美，那么到了这第二段，似乎来了个180°的大转变——乐极生悲了。

苏轼一开始心情其实还是不错的，"饮酒乐甚"，甚至"乐而歌之"了。谁唱的歌？应该是苏轼。谁吹的洞箫？是客，也就是苏轼的朋友。苏轼唱的什么歌词？"桂棹兮兰桨，击空明兮溯流光。渺渺兮予怀，望美人兮天一方。"这歌词是喜是悲呢？应该是喜。因为是饮酒乐甚之后，情不自禁扣舷而歌的，而且歌词的内容也是美好的场景："桂棹""兰桨"都是精美、高贵的木材，"空明""流光"则是水月一色的美景，而"美人"也在目力所及之处等着我。还有什么场景比这些更美好的呢？所以当然"乐"。

接下来的问题,就出在苏轼朋友身上。这位吹洞箫的客,原本是为苏轼伴奏,应该琴瑟和谐才对,可惜却似乎大相径庭了,明明是"乐"的歌却配上"悲"的曲,让人越听越悲,越唱越悲。苏轼用夸张的手法写出了这种悲,悲到甚至让谷底潜水的蛟龙听了受不了了,也出水起舞;悲到让守着孤舟的寡妇也偷偷地哭泣,情难自禁。怎么会这样?

其实这位客可以称得上是苏轼真正的"知音"。他不仅听懂了苏轼歌词中的言外之音,而且用箫声渲染着悲情,也呼应着悲情,与苏轼心有灵犀,用箫声表达了苏轼内心深藏的情感。苏轼的"渺渺兮予怀,望美人兮天一方",这句歌词看似很美,其实并非如此:我的心是渺远的,我盼望着美人,可惜天各一方,在渺远的那一方,可望而不可即!美人是谁?有说是恋人,有说是贤人,有说是人君,无论是哪一种,都是遥不可及,多么可悲!这位吹箫之客深深理解苏轼的内心隐情,他不仅听懂了,而且还为其演绎,用箫声渲染了这份悲情。这就是知音。

苏轼唱的歌,美则美矣,但悲也悲矣。

所以,"恣意美"还有一个条件,要有一颗懂得美的"聪慧心"。

然后是第三段:

> 苏子愀然,正襟危坐而问客曰:"何为其然也?"客曰:"月明星稀,乌鹊南飞,此非曹孟德之诗乎?西望夏口,东望武昌,山川相缪,郁乎苍苍,此非孟德之困于周郎者乎?方其破荆州,下江陵,顺流而东也,舳舻千里,旌旗蔽空,酾酒临江,横槊赋诗,固一世之雄也,而今安在哉?况吾与子渔樵于江渚之上,侣鱼虾而友麋鹿,驾一叶之扁舟,举匏樽以相属。寄蜉蝣于天地,渺沧海之一粟。哀吾生之须臾,羡长江之无穷。挟飞仙以遨游,抱明月而长终。知不可乎骤得,托遗响于悲风。"

苏轼问客为什么会这样?这其实也是我们想问的问题。为什么要如此悲伤呢?仅仅是因为"美人难求"吗?应该不仅如此。客人的整段回答文采斐然,又情真意切,一气呵成,一吐心中胸臆。概括起来就是:

人生无常——一代枭雄曹操，既有横槊赋诗的英雄盖世之时，也有困于周郎的狼狈时刻，眼前的赤壁就是曹操曾经横槊赋诗的地方，也是曹操被困惨败的地方，所以触景伤情。

人生短暂——江月无穷，人生短暂；曹操生前荣耀，可惜身后安在？

这无常和短暂，让客人联想到了自己和身边的朋友，与一代枭雄曹操相比，再与天地江月相比，如沧海一粟、天地蜉蝣一般渺小和脆弱，让人绝望到了极点！怎么办？没有办法。只能将所有的悲情寄托和传达在悲风中、在箫声里，也只能如此。这就是客悲伤的深层原因。

对此，苏轼又该怎样化解？看第四段：

苏子曰："客亦知夫水与月乎？逝者如斯，而未尝往也；盈虚者如彼，而卒莫消长也。盖将自其变者而观之，则天地曾不能以一瞬；自其不变者而观之，则物与我皆无尽也，而又何羡乎！且夫天地之间，物各有主，苟非吾之所有，虽一毫而莫取。惟江上之清风，与山间之明月，耳得之而为声，目遇之而成色，取之无禁，用之不竭，是造物者之无尽藏也，而吾与子之所共适。"

宽慰的方式同客人一样，也是从"水"和"月"说起的，可以巧妙地反驳客的悲观论断。

水和月有什么特点？客只想到了水、月的无穷和永恒，但苏轼说：你不知道的是，我们完全可以换一个角度来思考问题。从变的角度看，天地和水月在永恒地变化着，一刻不停；从不变的角度来看，物我其实是合一的，都可以无穷无尽。所以你根本不必羡慕天地，不是我的，我丝毫不取；如果是我的，比如这眼前的清风明月，我们只要尽情享受就可以了。这是我们无穷无尽的宝藏，我们享受都来不及呢，哪还有时间再去悲伤？

苏轼说的到底有没有道理？我们或许不必纠结于某些细节，因为苏轼的观点是大而化之的，他是从宏观的角度来思考问题的。物我合一，及时行乐，达观一些，一切便迎刃而解。

苏子和客人，代表了两种不同的观点，谁更有道理？只能说各有道理。主客问答是赋这种文体经常采用的形式，其实是作者的自问自答，是作者内心的矛盾和挣扎。对于普通人而言，往往客的想法会占上风，因此时常会陷入悲观；而如果苏子的想法能够占上风，那就会旷达乐观有如苏轼一般了。

在写法上值得一提的是，整个第三和第四段，客和苏轼所有的说理都始终围绕着山川、明月、清风而展开，在自然中陶醉，在自然中茫然，最终又在自然中豁然开朗。叙事、描写、抒情、议论，全部与明月清风融为一体，说理似乎也变成了一种享受，这不就是"大略如行云流水，初无定质，但常行于所当行，常止于不可不止，文理自然，姿态横生"吗？

客喜而笑，洗盏更酌。肴核既尽，杯盘狼籍。相与枕藉乎舟中，不知东方之既白。

最后一段的结局特别富有戏剧性，因为彻底想通了，客人也笑了，肴核也尽了，酒酣之后，相互依靠着沉沉入眠了，哪管它东方既白！哪管它世俗烦恼！苏轼的侍妾朝云曾经"嘲笑"他"一肚皮不合时宜"，现在看来，正是这"不合时宜"才让苏轼超脱了世俗的烦恼，才成就了苏轼诗文的行云流水。

所以，"恣意美"还有一个条件，要有一颗欣赏美的"旷达心"。

其实，拥有一颗"旷达心"并非想象中那么容易，结合苏轼创作《前赤壁赋》的背景，我们就可以明白他之所以悲的真正原因。苏轼因为"乌台诗案"差点丧命，最后被贬黄州。名为黄州团练副使，其实"不得签署公事，不得擅去安置所"，等于半个犯人。到底犯了什么罪？他弟弟苏辙说"独以名太高"。这深层的原因，我们可以通过"知人论世"的方式来寻找。所以，再回到苏轼唱的那首歌，美人是谁？对于被贬黄州的苏轼来说，应该就是明君，远在天边，遥不可及！

最后我们来梳理全文。除了这风、水、月贯穿全文之外，其实还有一样东西也贯穿始终，是什么？酒。第一段"举酒"，第二段"饮酒"，第三段"酾酒"，第五段"洗盏更酌"后"醉酒"。酒不仅是线索，也是助兴的佳酿，让苏轼醉，让苏轼乐，也让苏轼悟。

（二）《后赤壁赋》[①]的"苍凉美"

1. 什么是"苍凉美"

"苍凉美"和"恣意美"不同。"恣意美"像水，自然灵动，随心所欲；"苍凉美"像霜，洁白美丽，冷若冰霜。"苍凉美"，既源于外在的荒芜悲凉，也源于内在的沉郁悲怆；既源于外在的环境，更源于内在的心境。

但"苍凉美"仍然是一种美，一种悲凉的美，悲壮的美，悲怆的美，悲伤的美，悲悯的美。要欣赏这种美，需要一颗怎样的心才能够消受？

2. 品味"苍凉美"的方法——赏析《后赤壁赋》的"苍凉美"

（1）方法一：通读全篇。

（1）是岁十月之望，步自雪堂，将归于临皋。二客从予，过黄泥之坂。霜露既降，木叶尽脱，人影在地，仰见明月。顾而乐之，行歌相答。

（2）已而叹曰："有客无酒，有酒无肴；月白风清，如此良夜何？"客曰："今者薄暮，举网得鱼，巨口细鳞，状如松江之鲈。顾安所得酒乎？"归而谋诸妇。妇曰："我有斗酒，藏之久矣，以待子不时之须。"

（3）于是携酒与鱼，复游于赤壁之下。江流有声，断岸千尺。山高月小，水落石出。曾日月之几何，而江山不可复识矣。予乃摄衣而上，履巉岩，披蒙茸，踞虎豹，登虬龙；攀栖鹘之危巢，俯冯夷之幽宫。盖二客不能从焉。划然长啸，草木震动，山鸣谷应，风起水涌。予亦悄然而悲，肃然而恐，凛乎其不可留也。反而登舟，放乎中流，听其所止而休焉。时夜将半，四顾寂寥，适有孤鹤，横江东来，翅如车轮，玄裳缟衣，戛然长鸣，掠予舟而西也。

（4）须臾客去，予亦就睡，梦一道士，羽衣翩跹，过临皋之下，揖予而言曰："赤壁之游乐乎？"问其姓名，俯而不答。"呜呼噫嘻，我知之矣，畴昔之夜，飞鸣而过我者，非子也耶？"道士顾笑，予亦惊悟。开户视之，不见其处。

---

① 苏轼：《后赤壁赋》，载《苏轼文集》第一卷，中华书局，1986，第 8 页。

（2）方法二：梳理内容。

【思维导图】

《后赤壁赋》 苏轼

（思维流程）	（景）	（情）
↓	↓	↓
开门见山	良辰美景	乐
拾级而上	江景骤变	奇
身临其境	山景可怖	悲
渐入佳境	孤鹤掠舟	惊
豁然开朗	道士造访	悟
别有洞天	并无赤壁	光明空阔

为了激发学生的思维火花，笔者设计了上面的思维导图。"书山有路勤为径，学海无涯苦作舟"，读书好比爬山，有一个循序渐进的过程。从"开门见山"，然后"拾级而上"，在整个爬山的过程中"身临其境"，接着"渐入佳境"，直到"豁然开朗"，发现"别有洞天"。这是我们审美与析理的普遍规律。

教师设计教学时应该尊重这种思维规律，以期调动学生的思维积极性。

（3）方法三：入乎其中，出乎其外。

入乎其中："品味"之意，身临其境地品味所悲所喜、理解所思所想。

出乎其外："俯察"之意，置身局外地聆听弦外之音、解析言外之意。

两者都需要找到合适的"切入点"。

【"切入点"之一】 第（1）段。从"七月既望"到"十月之望"，才过了短短三个月，苏轼复游赤壁，是什么原因促成了苏轼的再游？

是良辰美景激发了作者的闲情逸致，"仰见明月，顾而乐之""月白风清，如此良夜何"，有明月助兴，于是想要乘兴出游。可惜好事多磨，既无酒又无肴，可喜天公眷顾，客有鱼，妇有酒，竟然全部凑齐，最终得以乘兴出游。

仔细读(1)(2)两段文字就会发现，越是一波三折，越是趣味横生，这是情节的梳理。

【"切入点"之二】第(1)段。"霜露既降，木叶尽脱"好像并不美？

《前赤壁赋》是"白露横江，水光接天"，《后赤壁赋》是"霜露既降，木叶尽脱"，这其实是两种不同的美，不同季节的不同的美。前者是"壬戌之秋，七月既望"，农历七月十六，写的是初秋的秋景。后者是"是岁十月之望"，农历十月十五，已是初冬的冬景。

初秋的美，在于清风明月，一种舒爽的美；初冬的美，在于霜冷叶疏，一种清冷的美。两种不同的美，需要慧眼去看，需要慧心去品。

【"切入点"之三】第(2)段。个别词语的品味："今者""巨口细鳞""斗酒"。

"今者"，可见鱼之新鲜；"巨口细鳞"，可见鱼之美味；"斗酒"，可见饮酒之醺畅淋漓。再加上"月白风清"，美酒佳肴明月夜，可谓良辰美景，只欠"一游"了！怎能不乐？

【"切入点"之四】第(3)段。泛舟江上，所见何如？

"曾日月之几何，而江山不可复识矣"，相隔不过短短三个月，巨大的差别体现在哪里？

三个月前：清风徐来，水波不兴。三个月后：山高月小，水落石出。

三个月前：白露横江，水光接天。三个月后：江流有声，断岸千尺。

三个月前：纵一苇之所如，凌万顷之茫然。三个月后：摄衣而上，履巉岩，披蒙茸，踞虎豹，登虬龙；攀栖鹘之危巢，俯冯夷之幽宫。

三个月前：冯虚御风，遗世独立，羽化而登仙。三个月后：悄然而悲，肃然而恐，凛乎其不可留也。

反差实在太大：从平宁、悠远、喜乐到萧索、阴冷、恐怖。

【"切入点"之五】第(3)段。句子的品味："江流有声，断岸千尺。山高月小，水落石出。"

江流有声：未到隆冬，尚未结冰，可也绝非"秋水"高涨时的惊涛骇浪，"有声"一词用得很准确。

断岸千尺：一个"断"字很妙，陡峭到什么程度才能算是"断岸"，应该是笔直向上的，极言山之高、山之陡。

山高月小：典型冬景，月小是因为山高。

水落石出：水落是因为初冬，水位降低；石出是因为水落，石头裸露。

"山高月小，水落石出"句里其实藏了一幅画，待后面详细分解。

【"切入点"之六】第(3)段。二客为什么不能从焉？"划然长啸"是什么声音？玄裳缟衣的孤鹤为什么戛然长鸣？

二客为什么不能从焉？因为有些美，一般人可能消受不起，就像这种"苍凉美"，并非人人能够消受得了。那得怎样的一颗心才能承受呢？笔者认为，应该是一颗曾经饱经沧桑的心，一颗虽然饱经沧桑但仍然热爱生命的心，一颗经历过大风大浪甚至出生入死后回归自然的心，一颗看透世事、平和包容的心，一颗删繁就简、净化松弛的心……

"划然长啸"是什么声音？有人说这是山间猛兽的声音，也有人说是山风在吟唱，也有人说这是苏轼在"长啸"。古人常借此抒发胸中的愤懑之气，那么苏轼有何愤懑之气？又因何而惊恐不已？

玄裳缟衣的孤鹤为什么戛然长鸣？是在呼应苏轼的长啸吗？是来陪伴苏轼的吗？

【"切入点"之七】第(4)段。道鹤幻境说明了什么？谁能为苏轼解梦？

无论是孤鹤还是道士，都是一种象征，一种超然物外、随缘任化的象征。苏轼想借此获得振拔的底气，摆脱现实生活中无法释怀的苦闷。

结合讲解《前赤壁赋》时所提到的"乌台诗案"，以及余秋雨的《苏东坡突围》，体会苏轼此时的心情。真正让苏轼惊恐悲愤的，其实并不是"草木震动，山鸣谷应，风起水涌"的山间奇景，而是人心的险恶。

而苏轼在《后赤壁赋》里再次经历了由"乐"到"悲"，再由"悲"到"悟"的升华，在这一点上，《前赤壁赋》《后赤壁赋》可谓异曲同工。

我们在赏析作品时，有时也需要站在"上帝"的视角，置身事外，俯视天下，从远处、从高处，聆听弦外之音，解析言外之意。

最后一个问题：真的有神秘的孤鹤与道士吗？

《古文观止》中有这样一句评论："岂惟无鹤无道士，并无雨，并无酒，并无客，并无赤壁，只有一片光明空阔。"你能理解吗？

欣赏"苍凉美"，需要一颗怎样的心才能消受得了？那就是一颗超然心、悲悯心、包容心。

最后用笔者填写的一首词来结束以上讲解：

沁园春·夜游西湖忆子瞻

素月清辉，轻舟一叶，西子湖边。看层峦叠影，千重翠色；烟波弄月，万点星光。月随人行，人随意去，渐行渐远欲登仙。恍昨日，举兰桨桂棹，属酒扣舷。

中中平平，中中中中，中中中平。仄中平中仄，中平中仄，中平中仄，中仄平平。中仄平平，中平中仄，中仄平平中仄平。中平仄，中中平中仄，中仄平平。

闲来把酒笑谈，谢醉翁避亲唯举贤。想平生万难，皆因诗起，寄情湖山，魂始得安。身在尘寰，不惹尘埃，劳生有限须尽欢。任平生，唯羽衣翩跹，悠游啸天。

中平中仄平平，中中仄中平中仄平。仄中平中仄，中平中仄，中平中仄，中仄平平。中仄平平，中平中仄，中仄平平中仄平。中中仄，仄中平中仄，中仄平平。

笔者的这首词，用的是《沁园春》的词牌名，题目是"夜游西湖忆子瞻"，既抒写了《前赤壁赋》《后赤壁赋》的阅读感受，也表达了对苏轼的感怀和敬佩之情。

词的上阕，先写景，有素月，有轻舟，有湖水，有远山，如《前赤壁赋》中的清风明月一般惬意美好。虽是实景，但因为是夜游的关系，西湖的山水也被月光披上了一层神秘的面纱。从"烟波弄月"开始，逐渐由实入虚，"万点星光"其实是月光在湖面的倒影，因为湖水荡漾而四散为满湖的星光，亦真亦幻。而在这亦真亦幻的美景中，笔者也逐渐产生幻觉，似乎也与《前赤壁赋》中的苏轼一样，"浩浩乎如冯虚御风，而不知其所止；飘飘乎如遗世独立，羽化而登仙"了。"恍昨日"三字，更是与题目"忆子瞻"的"忆"字遥相呼应。近千年前的苏轼夜游赤壁，仿佛是昨天刚刚发生的事情。苏轼属酒于客的场景似在眼前，扣舷而歌的歌声似在耳畔："桂棹兮兰桨，击空明兮溯流光。渺渺兮予怀，望美人兮天一方。"

词的下阕，由上阕的写景和回忆，转入叙事和抒情。先看"闲来把酒笑谈，谢醉翁避亲唯举贤"句。欧阳修对苏轼当然有知遇之恩，但也曾发生过一个小小的"误会"。最早讲述这件逸事的人，是苏轼的弟弟苏辙，说苏轼应试，欧阳修将苏轼的《论刑赏》一文误以为是自己的学生曾巩所作，于是为了避嫌，特将第一改判为第二。这件逸事既体现了苏轼的才情，更体现了醉翁的人品。可惜，"东坡何罪？独以名太高"，过高的才情也让苏轼无辜遭受"乌台诗案"的陷害，险些丧命。最后侥幸活命的他在《定风波·南海归赠王定国侍人寓娘》中发出由衷感叹："试问岭南应不好？却道，此心安处是吾乡。"再看"身在尘寰，不惹尘埃"一句，化用了六祖慧能"菩提本无树，明镜亦非台。本来无一物，何处惹尘埃？"的《得法偈》，写出苏轼的大彻大悟和出淤泥而不染。如果说上阕的最后一句"恍昨日，举兰桨桂棹，属酒扣舷"呼应了《前赤壁赋》的内容，那么下阕的最后一句"任平生，唯羽衣翩跹，悠游啸天"则呼应了《后赤壁赋》"划然长啸，草木震动，山鸣谷应，风起水涌。……梦一道士，羽衣翩跹，过临皋之下"的内容。

笔者的这首词作，上阕更多结合《前赤壁赋》，下阕更多结合《后赤壁赋》，两相呼应，从写景，到叙事，到抒情，再到言志。上阕还是以"词人"的角度，写所见和所想；下阕则俨然以"苏轼"的身份，抒所感和所悟。

不过，纵观整首词，仍有一字让笔者犹豫不决、难以定夺。这个字就是上阕"看层峦叠影，千重翠色"中的"翠"字。是"翠"好，还是"墨"好？"翠"字，色彩鲜艳，是山峦原本的颜色；"墨"字，则更符合"夜游"的场景，月色朦胧，远山几乎看不出原本的翠色，更多见的是水墨画般的重重墨色，浓淡不一。所以，究竟是"翠"字更好还是"墨"字更好，只能见仁见智了。

这首词是笔者抛砖引玉的作品，希望更多学生也能"你方唱罢我登场，挥毫落纸墨痕新"。

二、艺术审美：学生的创作——你方唱罢我登场，挥毫落纸墨痕新

1.《前赤壁赋》：你方唱罢我登场——学生音乐作品的艺术美

学生为苏轼《前赤壁赋》"桂棹兮兰桨，击空明兮溯流光。渺渺兮予怀，望美人兮天一方"的歌词谱曲。

谱曲作品一的编曲者是陆曜聪，演唱者是薛凯戈；谱曲作品二的作曲和演唱者是成思萱，编曲及和声是周韫珂。他们都是上外附中 2026 届的学生。

扫码听音频

【谱曲作品一的创作思路】

首先按照宋朝的音乐拟定古音，把每个字的声调都标出来："仄仄平平仄，仄平平平仄平平。仄仄平平平，仄仄平平平仄平。"每个声调的读法和现在的四声（阴阳上去）都不一样，编曲的时候尽量按照这个声调去编。

然后又了解了宋代音乐的一些知识，如姜夔的词调，总结了一些规律。比如一个字一般占一个四分音符，没有跳拍、切分这种复杂的唱法，并且旋律上也有一定规律和特色，以五声调式为主体，包含一些变音。于是按照这个规律编写，配上洞箫声和扣舷声。

有一个小细节值得一提：有人说"渺渺兮予怀望，美人兮天一方"才是正确的断句，所以特地把最后一句的第一个"望"字提前了一个四分音符，让两种断句都可以兼顾。

【谱曲作品二的创作思路】

在创作前，为确保曲风与《赤壁赋》一文及其时代相吻合，先去网上搜索了关于宋朝曲谱的特点，以及一些复原的曲的内容，从中获取灵感，并且以此为风格，让自己的情感融于苏轼与客所处的环境及时代背景中。

"桂棹兮兰桨，击空明兮溯流光。渺渺兮予怀，望美人兮天一方"，这四

句表达了苏轼失意与哀伤的情绪,但也有因饮酒、醉于美景而惆怅、感慨之意,故在作曲中音调多婉转。而"望美人兮"中的"美人",因其包含了美好而不可即的隐喻,在唱法中特别对"人"字作了类似"长叹"的处理,随心而动,曲随心动。

【教师点评】

两组学生的音乐作品,我仔细、反复地听了很多遍,感觉越听越有味道。两种不同风格的谱曲和演唱,有着异曲同工之妙,各有千秋,难分伯仲。

首先,两组学生都以了解和研究宋朝音乐的特点作为前提,并且从中获得灵感。其次,两组学生又以研读苏轼的《前赤壁赋》为重点,"曲为心声",苏轼即兴的演唱,传达的其实是他内心深处的幽微情志。

第一组学生对断句的研究很有意思。教材上是"渺渺兮予怀,望美人兮天一方",也有说是"渺渺兮予怀望,美人兮天一方",哪种断句更胜一筹?第一组学生作了一个巧妙的折中处理,用音乐技巧化解了难题,将第一个"望"字提前了一个四分音符,可谓两全其美。

第二组学生则侧重对苏轼内心的研究,以及《前赤壁赋》文本的解读,音调多婉转。两组学生不谋而合地抓住了"望美人兮天一方"一句的唱法:第一组学生抓住的是一个"望"字,第二组学生抓住的是一个"人"字。第二组学生认为这个"人"字包含了美好却不可即的隐喻,于是在唱法上对这个"人"字作了类似"长叹"的特别处理,可谓颇有匠心。

两组学生都将音乐与文学作了巧妙的勾连。须知谱曲的目的,还是为了更好地解读文学作品,同时也希望文学作品能够在音乐中得以升华。

总体来说,第一组学生的音乐作品比较空灵清远,有一种《前赤壁赋》中"飘飘乎如遗世独立,羽化而登仙"的味道;第二组学生的音乐作品比较悠扬婉转,有一种一唱三叹的起伏跌宕,如《前赤壁赋》中的"主客问答",从一开始的矛盾纠结,到最终的超凡脱俗。

2.《后赤壁赋》:挥毫落纸墨痕新——师生绘画作品的艺术美

展示笔者的绘画作品《适有孤鹤,横江东来》:

　　这是笔者初次尝试水墨画。虽然在绘画方面完全是门外汉，但在尝试的过程中学到了一些绘画的技巧，同时加深了对苏轼《后赤壁赋》的理解，可谓一举两得，乐在其中。

　　先说绘画方面，北宋画家乔仲常曾经创作过一幅《后赤壁赋图》的纸本墨笔画，现收藏于美国纳尔逊·艾特金斯艺术博物馆。这是一幅山水人物作品，依照苏轼《后赤壁赋》的叙述顺序依次展开，将文赋分为九个片段移录于画面之上，分别是：人影在地；携酒与鱼；江流有声、水落石出；履巉岩，披蒙茸；据虎豹；登虬龙，攀危巢；登舟放流，有鹤东来；梦二道士；惊悟开户。

　　比较可见，笔者水墨画中的小舟、人物和飞鹤都以临摹为主，但也有小小的不同，那就是把乔仲常先生绘画中的"孤鹤"变成了"双鹤"。其实，"双鹤"是孤鹤及其在水中的倒影。细看还会发现：水中的"鹤影"甚至比孤鹤本身还要大上一些。为什么呢？

　　根据苏轼《后赤壁赋》原文："适有孤鹤，横江东来。翅如车轮，玄裳缟衣，戛然长鸣，掠予舟而西也。"原文中的"孤鹤"其实是巨大的，翅如车轮，而且"玄裳缟衣"，有点亦鹤亦人的感觉，苏轼为这只孤鹤平添了一些虚幻的色彩。

　　所以，笔者的构思就抓住了这"亦真亦幻"的创作特点：天上的"孤鹤"是"真"，水中的"鹤影"是"幻"；天上的"孤鹤"较小，水中的"鹤影"则被放大。

　　再结合苏轼《后赤壁赋》的最后一段："须臾客去，予亦就睡，梦一道士，羽衣翩跹，过临皋之下，揖予而言曰：'赤壁之游乐乎？'问其姓名，俯而不答。'呜呼噫嘻，我知之矣，畴昔之夜，飞鸣而过我者，非子也耶？'道士顾笑，予亦惊悟。开户视之，不见其处。"由此推想，水中的"鹤影"其实就是苏轼梦中的"道士"啊！

所以，笔者的画作也将真实与虚幻结合在了一起：天上的"孤鹤"是"实"，水中的"鹤影"是"虚"；天上的"孤鹤"是"鹤"，水中的"鹤影"其实是"人"。

除此以外，笔者还将远处的群山适当加以发挥，突出了赤壁"江流有声，断岸千尺"的特点，作为背景来烘托意境。再看右上角"适有孤鹤，横江东来"的题字旁，印有一枚"引玉"两字的印章，这是笔者读大学时参加篆刻印社时所篆刻的第一枚印章。就如这幅水墨画的初次尝试，"引玉"两字的含义就是"抛砖引玉"，期待着学生研读苏轼《后赤壁赋》之后更加精彩的绘画作品，也期待着师生共同的、长足的进步。

下面是上外附中 2026 届学生褚诗语的绘画作品《山高月小，水落石出》：

【褚诗语同学自述创作构思】

　　这幅画的灵感来自苏轼的《后赤壁赋》，将自然之壮丽与人生之哲思融于一卷，展现了我对赤壁之夜的深刻领悟。

　　画面中，山峦高耸，水波轻荡，远山如黛，明月静悬，正是"江流有声，断岸千尺。山高月小，水落石出"的动人景象。自然的磅礴与细腻在这一刻融为一体，令人心驰神往。

　　舟中三人，临风而坐，或静思，或低语，沉醉于江风水声之间。画中孤鹤飞鸣，横江东来，勾勒出生命的律动。人与自然在这里达成了完美的和谐，风月、江水、崖石皆为主角，而舟中的人也成为天地间的一抹点缀。看似寻常之物，却因画者的笔墨被赋予了哲理与灵魂，成为人生孤独旅途中的慰藉。

【教师点评】

　　褚诗语同学的这幅画作虚实结合，将两个场景艺术地结合在了一起。一个场景在登山之前："于是携酒与鱼，复游于赤壁之下。江流有声，断岸千尺。山高月小，水落石出。"一个场景在登山返舟之后："反而登舟，放乎中流，听其所止而休焉。时夜将半，四顾寂寥，适有孤鹤，横江东来……"所以，画中既有"山高月小，水落石出"，也有"适有孤鹤，横江东来"。艺术的结合，让画作穿越了时空，源于原著，又不拘泥于原著。

　　其实，笔者的《适有孤鹤，横江东来》图和褚诗语的这幅《山高月小，水落石出》图有着异曲同工之处：都是既有"江流有声，断岸千尺"，也有"适有孤鹤，横江东来"，只是侧重不同。笔者的画作更侧重后者，褚诗语的画作更侧重前者。

　　再来细看这幅《山高月小，水落石出》图：苏轼与二客，人物的勾勒栩栩如生，颇有宋朝人物画像的韵味，比较注重人物的神韵，以及注重用细笔勾勒人物的面部和衣纹。

　　坐于舟中的三人，居中一人应该是苏轼，目光炯炯有神，好像在沉思，也可能是交谈之后在静默。左右两边的二客，左侧一人长眉细目，似乎也在静思；右侧一人回头看向苏轼和朋友，眉眼中尚含有笑意，似乎是交谈之后的意犹未尽。三人彼此心灵相通，情投意合，与《后赤壁赋》中"二客从予，过黄泥之坂……人影在地，仰见明月，顾而乐之，行歌相答"的和谐氛围相似。

再看人物的衣纹和发饰，细笔勾勒，用墨有浓有淡，线条流畅，衣袂飘飘，似乎可以感觉到人物的洒脱飘逸和气定神闲。

最精彩的或许还是"山高月小，水落石出"的意境。"月小"是因为山高，"石出"是因为水落。这其间包含了怎样的人生哲理？这既是初冬的自然景观的写照，也是苏轼大起大落的人生境遇的象征，一切都是相对平衡的，没有绝对的高低和上下之分。此时的苏轼或许正处于人生的低谷，经历了"乌台诗案"的九死一生，却反而成就了其文学上的巅峰，正如"水落"才能"石出"一般！这幅看似寻常的《后赤壁赋》写意图，又何尝不是人生画卷的写照呢？

就如褚诗语同学所说的那样，"人与自然在这里达成了完美的和谐，风月、江水、崖石皆为主角，而舟中的人也成为天地间的一抹点缀。看似寻常之物，却因画者的笔墨赋予了哲理与灵魂，成为人生孤独旅途中的慰藉"。人不过是天地间的一个小小过客，得意也好，失意也罢，不过是"天地之间，物各有主"，唯"江上之清风，与山间之明月"是"取之无禁，用之不竭"的。

人或许只有与自然融为一体，才能无限接近本真。希望苏轼的文章，也希望我们小小的画作，能够给逆旅中的过客带来一点慰藉和力量。

第二节 从世俗审美到超俗审美
——为《梦游天姥吟留别》"补天"

 摘 要

一、从世俗审美到超俗审美

（一）什么是世俗审美

（二）什么是超俗审美

二、以《梦游天姥吟留别》的教学为例,析美与"补天"

（一）赏析《梦游天姥吟留别》中的"两种美"

（二）为《梦游天姥吟留别》"补天"

+·+

一、从世俗审美到超俗审美

（一）什么是世俗审美

所谓的"世俗审美",指的是世俗大众在源远流长的历史积累中,在日常生活中所崇尚的自然实用,看似有些平淡却富有真趣的美。所以,"世俗审美"并不是一个贬义词。这种"世俗的美",有点像欧阳修主张的"古淡有真味"的美。能够欣赏这种美,评判这种美,就是"世俗审美"的大致意思了。

（二）什么是超俗审美

"超俗"是一种超越世俗的状态。"世俗"往往与社会现实、日常生活紧密相关,而"超俗"则意味着要远离这样的现实生活,去追求更高层次的东西,更多地在文学和艺术领域中寻找。"超俗审美"就是更多地在文学和艺术中,发掘更深层次的情感和思想,更注重精神层面的欣赏、体验,以及思考其中的美好。

从"世俗审美"到"超俗审美",并非单向度的发展,也没有优劣之分。两者可以交融,也可以相互转化,最终达到物我合一的境界,进而创造更丰富、更美好的生活。

二、以《梦游天姥吟留别》①的教学为例,析美与"补天"

（一）赏析《梦游天姥吟留别》中的"两种美"

《梦游天姥吟留别》第一段：

---

① 李白：《梦游天姥吟留别》,教育部组织编写：《普通高中教科书　语文　必修　上册》,人民教育出版社,2019,第 60—61 页。

海客谈瀛洲，烟涛微茫信难求；越人语天姥，云霞明灭或可睹。天姥连天向天横，势拔五岳掩赤城。天台四万八千丈，对此欲倒东南倾。

此段其实在回答一个问题：为什么诗人会选择去攀登名不见经传的天姥山？因为"瀛洲"虽美，但虚幻难求，而天姥山却真实存在，有时可以看到它真实的美。而且，从一定程度上来说，天姥山也是仙山，因为传说登山的人会听到"仙人"天姥唱歌，所以天姥山可以算是一座"可遇也可求"的仙山。

越人，指今浙江一带的人。这么大范围里的"越人"，都觉得或许有机会一睹天姥山的容颜，这种现实生活中"真实存在的美"，比文学作品中"虚构的美"，更令人向往。

再同现实生活中也同样真实存在的各大名山相比，怎么样呢？诗人采用了夸张和拟人的手法，说即便是各大名山，在天姥山面前也都要甘拜下风。天姥山果真有如此魅力吗？

首先看高度（均以主峰的海拔为准）：

天姥山 818 米

天台山 1 095.4 米

南岳衡山 1 300.2 米

中岳嵩山 1 491.7 米

东岳泰山 1 532.7 米

北岳恒山 2 016.1 米

西岳华山 2 154.9 米

在这组数据面前，李白或许也不得不承认：在所有名山之中，天姥山是最矮小的。但作者却偏偏夸张地说它"势拔五岳掩赤城"，这就是文学艺术的手法。

在第一段中，诗人就兼顾了天姥山两种不同的"美"。一种是现实存在的美，一种是文学夸张的美；如果站在人的审美角度上来说，就是兼有"越人"世俗审美和"诗人"超俗审美两种不同的"审美"。

当然，诗人之所以选择游历天姥山，其实还有更深层的原因，我们暂且按下不表。

既然是梦游，同真实的游记相比，有哪些不同？再看第二段。

我欲因之梦吴越，一夜飞度镜湖月。湖月照我影，送我至剡溪。

一夜飞度，速度极快，而且还有湖月送我，非常浪漫。这种浪漫的美，是文学作品中特有的美，极尽想象之能事。现实生活中哪有这等美事?!

谢公宿处今尚在，渌水荡漾清猿啼。脚著谢公屐，身登青云梯。

"谢公"就是南朝诗人和旅行家谢灵运。他不但喜欢游山，还特别喜欢写山，以写山水诗著称，是山水诗的鼻祖。浙江的名山他真的差不多都到过，包括天姥山。他曾经在天姥山的剡溪住过，还留下了"暝投剡中宿，明登天姥岑"的诗句。

"谢公屐"据说是谢灵运专为登山而特制的木屐。木鞋底下安有两个活动的木齿，上山时去掉前齿，下山时去掉后齿，这样穿着它爬山就会始终"如履平地"。

现在李白循着谢灵运的足迹来了，而且穿上了谢灵运特制的登山鞋，好像穿越时空了。行文到此，到底是真是幻？似乎亦真亦幻。

再看：

半壁见海日，空中闻天鸡。千岩万转路不定，迷花倚石忽已暝。

天鸡，只有在古代传说中才有，现在李白在天姥山的半山腰上听到了，不愧是仙山。刚才是"一夜飞度"，飞行的速度极快。现在是"忽已暝"，天黑的速度极快，感觉接下来有大事发生，梦游的特点也因此越来越凸显。

再看：

熊咆龙吟殷岩泉，栗深林兮惊层巅。云青青兮欲雨，水澹澹兮生烟。

果然如此！熊咆的声音大家或许还有机会能听到，龙吟的声音肯定只能依靠想象了。李白用一个"吟"字来形容龙叫的声音。"吟"，指吟唱。语出东汉张衡的《归田赋》:"尔乃龙吟方泽,虎啸山丘。"

接下来比熊咆龙吟更令人震撼的事情发生了。

列缺霹雳,丘峦崩摧。洞天石扉,訇然中开。青冥浩荡不见底,日月照耀金银台。

电闪雷鸣,整个天姥山崩塌了。紧接着,天门轰然打开了。打开之后不出所料,里面的世界果然与外面电闪雷鸣的世界截然不同:深不见底,日月同辉,而且金光灿灿!神仙居住的楼台果然全部用金银筑成。与其说这是神仙世界,不如说这是现实世界的升级版。

紧接着,人出现了,仙人出现了。

霓为衣兮风为马,云之君兮纷纷而来下。虎鼓瑟兮鸾回车,仙之人兮列如麻。

眼花缭乱!仙人穿着什么?彩虹。驾着什么?风。由谁演奏?老虎弹奏着瑟。由谁驾车?鸾鸟驾车。所有仙人一共有多少?密密麻麻。这些仙人又奔向哪里呢?天姥山。为什么都直奔天姥山呢?不知道。为什么不知道?因为诗人的梦醒了!李白还没有来得及继续看下去,可惜梦就醒了!还有那么多疑问没有解决,可惜梦就醒了!

忽魂悸以魄动,恍惊起而长嗟。惟觉时之枕席,失向来之烟霞。

刚才的天马行空,顷刻间烟消云散了。我们很想继续追问下去:在"仙之人兮列如麻"之后,李白"梦醒"之前,到底会发生什么?可惜李白永远都不会告诉我们了,抑或李白根本就不想告诉我们。

所以这就成了一个千古谜团。

梦醒之后的诗人,在最后情不自禁地发出感叹:

世间行乐亦如此,古来万事东流水。别君去兮何时还?且放白鹿青崖间,须行即骑访名山。安能摧眉折腰事权贵,使我不得开心颜?

虽然不甘心,但仍然需要回到现实,再美丽、再神奇的梦,也不过是一个黄粱美梦。

这里"须"字值得一提。《古代汉语词典》（第2版）中，"须"字有两个义项：① 必须；② 需要。教材中将其解释为第二个释义"需要"。为什么不能解释为"必须"？

因为前者是被动的，后者是主动的。虽然梦醒了，但李白也真正清醒了，或许是受到了梦的启示，明白了世间所有的快乐都是转瞬即逝、一去不返的。于是他最终选择了"且放白鹿青崖间"的自在生活，也因此再也没有什么"必须"的事情是非做不可的了。从心所欲，"需要"出门便出门，无须再违背心意做任何"必须"的事情了。

纵观整首诗的写作特点，可以用"亦真亦幻"四个字来形容。

首先看天姥山的情况。天姥山，又称天姥、天姥岑、天姥峰等。天姥山为古代神话传说类地名。最早记载天姥山的文献典籍为西晋张勃所撰的《吴录》。

原来天姥山本身也是"亦真亦幻"：在西晋时就记载确有此山，这是真；其得名又与神话传说有关，这是幻。

再看诗人梦游天姥山的整个过程，更是"亦真亦幻"。谢灵运确实曾经去过天姥山，诗人如今到了谢公的宿处，这是真。但紧接着发生的一系列越来越惊险、越来越离奇的事情，让这首诗逐渐走向了梦幻、虚幻、奇幻。瑰丽的想象，假借"梦幻"之名，将"虚幻"发展到了极致，却又在最"奇幻"的时候，回归现实。真与幻，难分难辨，又相互转化。

诗人用其惊人的想象力和瑰丽的文笔，在文学和艺术的领域，在"世俗审美"的基础上，将"超俗审美"推向了顶峰。

"天姥山"是一座原本有些平淡、普通的山，在源远流长的历史中，世俗大众为其增添了一丝仙气。然后又在诗仙李白的笔下，变成了惊天动地的、会聚了无数"仙人"的、名副其实的"仙山"。这样的"超俗审美"，就这样在历史长河中、在口口相传中、在文学作品中，传达出了更深层次的情感和思想，也为寻常的生活增添了许多趣味和美好！

在我们的日常生活中,是不是也需要多一点这样的审美追求呢?

(二)为《梦游天姥吟留别》"补天"

前面在赏析《梦游天姥吟留别》第二段的时候提到,诗人在"仙之人兮列如麻"之后、在"梦醒"之前,所有瑰丽的想象都戛然而止了,多么可惜!我们其实很想再追问下去:密密麻麻的仙人都会聚到天姥山来,到底是为什么而来?来了之后又会发生什么更加惊天动地的事情?很希望李白还能够继续写下去,让我们一窥究竟。只可惜,永远没有这种可能了。

唯一的可能,就是让这首诗的读者——我们——来弥补这个缺憾。所谓"补天",就是为"天姥山"的"天"、为《梦游天姥吟留别》的"天",补写一段想象的文字。当然,需要模仿诗仙李白的"文笔",借助其瑰丽的想象,"补天"的难度可想而知。

试看以下四名学生的补写作品。

【作品一】

天姥亭亭立轼前,美若西子态尽妍。万籁此俱寂,众生兹亦止。薄唇轻启韵始见,余音缭绕久不息。鸟徘徊兮人流连,琼楼宇兮是时益洞然。一曲终了人不散,环顾四座皆叫绝。

[高一(4)班　龚奕欣]

龚奕欣同学文采斐然,想象也合情合理。原来众仙蜂拥而来,只为了一睹仙人"天姥"的绝色容颜,更为了聆听她的美妙歌声!而且一曲之后,众仙四座叫绝,用侧面描写更烘托了仙女的绝色与绝技,令人神往。

这样的想象,既符合情节,又充满才情。

【作品二】

(1)群仙引我去,行路蛇娅里。海棠枝带雨,槐花皴青池。芙蓉凝香雪,寒客似青玉。花间见玉罍,独酌意怎酣。邀月同举杯,欲与天同醉。

(2)但闻龙马啸,不知是何朝。逍遥玉宇间,谁人识时豪。挥手摘星辰,辰星三两生。分明云中月,月中见美人。楚腰戏蝶舞,娉娉娇侑骨。柔荑轻抚琴，靡靡如丝缕。闻曲酒一杯，初《霓裳》后《六幺》。大弦小弦，嘈嘈切切。独酌意怎酣，欲与天同醉。

［高一（4）班　潘嘉懿］

潘嘉懿同学的想象与前面又不相同，在第（1）段里写道：众仙前来并不是"意在仙女"，而是"意在诗仙"啊！众仙是慕名而来，为了带诗仙李白同去饮酒，因为他们知道李白既是"诗仙"，也是"酒仙"！多么有趣的想象！这样的超俗审美的发挥，让人拍手称快。

接着小作者还不止于此，在第（2）段中继续发挥想象，描写了接下来众人一同饮酒的非凡场景。这段描写颇有似曾相识的感觉，"挥手摘星辰"一句化用了李白《夜宿山寺》中的"手可摘星辰"，化用巧妙，不露痕迹。"楚腰戏蝶舞"一句则化用了杜牧《遣怀》中的"楚腰纤细掌中轻"，也是化用自然，别有韵味。"初《霓裳》后《六幺》。大弦小弦，嘈嘈切切"，则化用了白居易《琵琶行》中的"初为《霓裳》后《六幺》"以及"大弦嘈嘈如急雨，小弦切切如私语"两句。

有仙人相伴痛饮，又有仙曲在一旁助兴，李白在梦中达到了"欲与天同醉"的忘我境界！李白饮得痛快，我们读得痛快。

【作品三】

阴风起，天君出。天君端坐高堂上，文武百官跪于旁。抚醒木，如惊雷。怒目圆睁似铜铃，铁面森森全无情，声如洪钟将我斥："昔日犯下弥天罪，今朝教汝尽偿还。本欲取汝项上头，念汝工诗文。若可仿效建安骨，七步成歌赋，则免终日牢狱苦。"面不改色心不跳，笑问天君把酒要。一杯下肚心欢喜，逸兴壮思因酒起："世人皆称天庭好，我道天庭似人间。天君无端龙颜怒，文武有悖在地伏。座上畅快吐恶语，堂前畏缩不敢言。惹得李白直发笑，笑声清脆上云霄。凡间圣上尚不应，天庭神君又何如？我自腾云驾雾去，世间自有留爷处。"天君震怒不可遏，派遣神兵将我拿。忽有金鸡山上鸣，天君神兵浑无影。

［高一（4）班　李天诚］

　　李天诚同学的想象更是与前面两名的大相径庭！众仙不是为了一睹"仙女"天姥而来的，也不是为了陪"诗仙""酒仙"李白痛饮而来的，竟然是为了"审问"李白而来的！而且下凡的众仙还要与天君一起审问李白！何其痛哉！连梦中的李白也不肯放过啊！

　　只是，即便是梦中的李白，也丝毫不改诗仙的傲骨和本色，对着众仙和天君一番嘲笑奚落之后，迸发了"我自腾云驾雾去，世间自有留爷处"的豪言，虽然语言有些粗俗，但是英雄本色不改，亦雅亦俗了。

　　而且李天诚同学还留了一个非常幽默的结尾。当天兵神将要捉拿李白的时候，小作者果断地让李白梦醒！"忽有金鸡山上鸣，天君神兵浑无影"，同样是梦醒，李白在《梦游天姥吟留别》中的梦醒让我们觉得有些遗憾和不甘，但此时李白的梦醒让我们感到无比地酣畅和痛快。多亏了小作者，及时救下了诗仙。

【作品四】

　　芝兰为绶缠玉带，香叶捻作青峨冠。黼服长身而肃立，玄袂微动而远目。恐为亲迎天外客，整肃衣冠列朝堂。晃流辉熠，玦珥折光，仙娥凝妆嫚立玉阶上，拂菻扇染满殿香。云霏弥靡，仙班退避。旌帘漫卷，丝竹顿起。媣娟娇娘捧樽盉，筵开榴花滟滟金。芳樽琉盏酿兰生，飞觞走罍聚欢饮。醉倚鎏金镶玉椅，醺眼信瞥娉婷女。肌容丰腴着罗绮，揽裙翩跹作旋舞。婍仪修容款款姿，使我洒然肆笑尽甘醴。长安草秾，洛阳花荣，不及云间百千红。酒尽乐止天欲动，却是轻跨雕鞍出九重。兜鍪翻沙惊古道，风卷蝥弧皆动摇。驾春秋长车，驱追风快马，西风怒号摧孤雁，大漠深处起炊烟。归途意气何风发，王都一片唱凯旋。易青袍以戎装，遍征战以振邦。

［高一(1)班　有行］

　　这是一名特别有才情的女生补写的文字，"有行"是她的笔名。文风似乎颇有一点诗仙李白的味道，甚至还有一点屈原《离骚》的韵味。这名学生说，为了补写这段文字，她构思、酝酿了好几天。

在小作者笔下，天上人间、朝堂宴席上的流光溢彩、觥筹交错、纸醉金迷的生活，丝毫没有让李白流连忘返，"酒尽乐止天欲动，却是轻跨雕鞍出九重"，何其洒脱！在李白心中，"易青袍以戎装，遍征战以振邦"，驰骋疆场，为国立功，才是他的最高理想，千金难换！

最后还有一个问题，既然作为后人的我们都有提笔补写的冲动，那李白为什么自己不写呢？而且为什么偏偏又是在最精彩的地方戛然而止呢？肯定不会是因为江郎才尽吧。

答案其实就藏在《梦游天姥吟留别》的最后一段：

世间行乐亦如此，古来万事东流水。别君去兮何时还？且放白鹿青崖间，须行即骑访名山。安能摧眉折腰事权贵，使我不得开心颜？

李白想要告诉我们的就是：人生如梦，而且越是美梦，越是容易惊醒。

李白，字太白，号青莲居士。五岁随父迁居绵州昌隆（今四川江油）青莲乡。二十五岁离川，长期在各地漫游，"仗剑去国，辞亲远游"，饱览名山大川。天宝初曾因诗名而任翰林供奉，但不受重视，又遭到权贵的排挤，后被赐金还山，离开长安。《梦游天姥吟留别》是他告别东鲁（今山东）家园的诸公时所作。安史之乱爆发后，怀着平乱的志愿入了永王李璘的幕府。因受永王争夺帝位失败牵累，流放夜郎，中途遇赦东还。晚年漂泊东南一带。后卒于当涂（今安徽马鞍山）。

从仕途抱负来看，可谓悲矣；从文学创作来看，又可谓幸矣。

说到李白之死，众说不一。第一种：病死。见诸其他正史或专家学者的考证。当李光弼东镇临淮时，李白不顾自身高龄，闻讯前往请缨杀敌，希望在垂暮之年，为挽救国家危亡尽力。但他因病中途返回，次年病死于当涂。第二种：醉死。见诸《旧唐书》，说李白"以饮酒过度，醉死于宣城"。第三种：溺死。多见诸民间传说，极富浪漫色彩，说李白在当涂的江上饮酒，因醉跳入水中捉月而溺死，与诗人性格非常吻合。

如果从审美的角度看：第一种病死，符合世俗审美——比较真实；第二种醉死,符合世俗审美,也有一点超俗审美——也有可能;第三种溺死,主要见于民间传说,则是兼有世俗审美和超俗审美,虽然是悲剧,却也有浪漫色彩,甚至还有一种美感。

可能我们都希望李白的"死"能够像他的"生"一样,虽然有"悲",但更多的还是"浪漫"与"美好"。

[注:此节中的学生作品出自上外附中 2019 届高一(1)班和高一(4)班学生之手,时间为 2017 年 3 月。]

第三节 从审美直觉到审美距离
——《项脊轩志》中的"审美观"

 摘 要

一、从审美直觉到审美距离

(一)什么是审美直觉

(二)什么是审美距离

二、《项脊轩志》中的审美直觉和审美距离

(一)《项脊轩志》中的审美直觉

(二)《项脊轩志》中的审美距离

一、从审美直觉到审美距离

(一) 什么是审美直觉

审美直觉,顾名思义,是指人们在审美或艺术鉴赏活动中,对于审美对象或艺术形象具有的一种不假思索而即刻把握与领悟的能力。在具体的审美活动中,直觉往往表现为一种非理性的、不可言喻的直接感知与领悟,沉浸在审美的愉悦中。

审美直觉的核心在于"直观性"和"直接性"。在面对艺术作品时，审美直觉允许我们直接感知作品所传达的情感、意义和形式，而无须经过逻辑推理或深入分析。

这种直观的感受并非来自理性的思考，而是通过我们的感官、经验和无意识的认知过程迅速产生。这种直觉并非毫无根据，它是在我们的文化背景、艺术经验和个性偏好等多重因素影响下，对艺术作品的一种直接感知和理解。

审美直觉既可以作用于欣赏，也可以作用于创作。

（二）什么是审美距离

20 世纪初，英国心理学家、美学家爱德华·布洛提出了"心理距离"说。他认为，距离是审美知觉的主要特征之一，是审美主体对审美对象的一种恰当的心理态度。这种态度主要通过把对象所产生的感受与一个人的自我分离而得到，通过把对象放到实用和目的之外而得到。可见，在审美过程中，心理的距离是十分重要的。

概括来说，审美距离具有这样一些基本特点：首先是与客体保持一定的心理距离，不要轻易将主体（即自己）代入；其次是摆脱利害关系，以非功利的心态来看待客体；最后是与审美客体拉开一定距离，这个距离既指时间距离，也指空间距离。

二、《项脊轩志》[①]中的审美直觉和审美距离

（一）《项脊轩志》中的审美直觉

从读者角度来看，我们在阅读《项脊轩志》的过程中，审美直觉往往会发挥很大作用。

《项脊轩志》第一段的阅读和审美：

---

① 归有光：《项脊轩志》，教育部组织编写：《普通高中教科书　语文　选择性必修　下册》，人民教育出版社，2019，第 74—75 页。

（1）项脊轩，旧南阁子也。室仅方丈，可容一人居。百年老屋，尘泥渗漉，雨泽下注；每移案，顾视无可置者。又北向，不能得日，日过午已昏。余稍为修葺，使不上漏。前辟四窗，垣墙周庭，以当南日，日影反照，室始洞然。又杂植兰桂竹木于庭，旧时栏楯，亦遂增胜。借书满架，偃仰啸歌，冥然兀坐，万籁有声；而庭阶寂寂，小鸟时来啄食，人至不去。三五之夜，明月半墙，桂影斑驳，风移影动，珊珊可爱。

【其一】关于字义，"借书满架"中的"借"字真的解释为"借阅"吗？

教参将"借书满架"解释为"借来的书籍摆满书架"，凭直觉来判断，应该有问题。

《黄生借书说》中的"书非借不能读也"，这里的"借"字应该是"借阅"，如果《项脊轩志》中的"借"也解释为"借阅"，恐怕不太合适。因为黄生是无钱买书，只能借，而且"非夫人之物而强假焉，必虑人逼取，而惴惴焉摩玩之不已"，"今日存，明日去"。黄生每次借书后都抓紧阅读，读完马上归还，读的时候还总是惴惴焉担心书的主人催还。假设归有光也是无钱买书只能借书，但是借了以后却不归还，所借书籍甚至多到摆满了书架；而且，不仅不着急归还，还在书架旁"偃仰啸歌"，一副沾沾自喜的样子，岂不是显得有些可笑？

因此，出于审美直觉的本能判断，"借书满架"的"借"字不应该解释为"借阅"。

朱东润的《中国历代文学作品选》将此句写作"积书满架"，积者，存也。审美直觉告诉我们，"积存"比解释为"借阅"更符合情理。

【其二】你喜欢归有光对项脊轩的一番改造吗？为什么？

项脊轩原先怎样，现在怎样？

原先：

小：室仅方丈["方丈"：$3.33 \text{ m} \times 3.33 \text{ m} \approx 11.09 (\text{m}^2)$]，可容一人居。

老：百年老屋，不下雨"尘泥渗漉"，一下雨"雨泽下注"，晴时落泥，雨时漏雨。

暗：北向，日过午已昏。

现在：

小：不是最重要的，而且也很难拓宽。

老：可以修葺，使不上漏。

暗：前辟四窗。

你能读懂"垣墙周庭"的物理原理吗？利用的是阳光反射原理。

现在，虽然还是小，但已经变得风雨不"惧"，而且透明敞亮了。

但归有光还是觉得不够。你觉得还缺什么？缺少自然生气，缺少书香气，缺少诗情画意！

归有光怎么做？杂植兰桂竹木，高雅植物；借书满架，啸歌；三五之夜，欣赏明月桂影。

其中"人至不去"给你一种什么感觉？人与自然和谐相处的美好，这也是"项脊轩"特别动人的地方。

"明月半墙"怎么回事？这是垣墙周庭的妙处，一举两得：白天，以当南日，日影反照；夜晚，明月半墙，桂影斑驳，风移影动，有一种有心为之更无心偶得的美妙感觉。

本来那个又老、又小、又暗的书房，经过归有光的这一番小小改造，竟然完全变了模样。不仅明亮了，不再残破了，还充满了自然的生气，有书香气，还有诗情画意般的灵气。

这番美妙的改造，一定会打动每一个有着天然审美直觉的读者，让人情不自禁地跟着作者一起陶醉其间，可以获得视觉上、听觉上、嗅觉上的美，以及自然美、科学美、艺术美，等等。

总之，因为归有光对项脊轩的小小改造而创造了这么多不同的美感。这些美感的体验，甚至都不需要细细辨析，直觉就会让我们感觉美不胜收。

《项脊轩志》第二段的阅读和审美：

（2）然余居于此，多可喜，亦多可悲。先是庭中通南北为一。迨诸父异囊,内外多置小门墙,往往而是。东犬西吠,客逾庖而宴,鸡栖于厅。庭中始为篱,已为墙,凡再变矣。家有老妪,尝居于此。妪,先大母婢也,乳二世,先妣抚之甚厚。室西连于中闺,先妣尝一至。妪每谓余曰:"某所,而母立于兹。"妪又曰:"汝姊在吾怀,呱呱而泣;娘以指叩门扉曰:'儿寒乎?欲食乎?'吾从板外相为应答。"语未毕,余泣,妪亦泣。余自束发读书轩中,一日,大母过余曰:"吾儿,久不见若影,何竟日默默在此,大类女郎也?"比去,以手阖门,自语曰:"吾家读书久不效,儿之成,则可待乎!"顷之,持一象笏至,曰:"此吾祖太常公宣德间执此以朝,他日汝当用之!"瞻顾遗迹,如在昨日,令人长号不自禁。

【其三】你觉得归有光的家庭变故"可悲"吗?你能感受到归有光"多可喜,亦多可悲"的复杂情感吗?

过渡句"然余居于此,多可喜,亦多可悲"承上启下,承接上文第(1)段"多可喜",引出第(2)段的"多可悲"。在这第(2)段里,具体有哪些可悲?

第一悲:分家的悲。

分开做饭,到处是门和墙,鸡犬不宁,乱作一团,变化不止一次。

笔者觉得其中的"东犬西吠"四个字最让人心寒。狗通人性,家人已经完全形同陌路,甚至还不如陌生人,更像是仇人,所以两家的狗才会对着彼此的家人狂吠。

第二悲:母亲去世。

老妪转述归有光母亲生前的情况,他听了转述后情不自禁地哭了。为什么哭泣?因为归有光的母亲在他年仅八岁的时候就去世了,听了绘声绘色的转述后更加思念去世的母亲。从乳母的转述中,我们能感觉到浓浓的母爱,真挚动人。"儿寒乎?欲食乎?",声声呼唤就好像近在耳边一样。最重要的是,乳母转述的时候,讲的就是当初此地此景,物是人非,更令人触景伤情。

第三悲:祖母去世。

祖母生前的事情,是作者归有光亲身感受的,因此也更加感伤不已。

这三种悲，对于我们读者来说，无须多言，是可以直接感知到的，似乎不需要多加分析。其中祖母的一番话，更是让人"悲从中来"："吾儿，久不见若影，何竟日默默在此，大类女郎也？"这话应该是不希望孙子像女孩一样整日躲在书房读书不出来。这是最亲的人才会有的嗔怪，担心孙子闷在屋里读书太过辛苦，对身体不好。爱之切，才会忧之深，这是祖母出于本能的爱，对孙子发自内心的疼爱。

但祖母后面却又说："吾家读书久不效，儿之成，则可待乎！"又分明是对孙子读书寄予了厚望，不仅嘴上说说，转身还拿来了太祖的象笏，更是用行动勉励自己的孙子一定要好好读书，有朝一日可以光宗耀祖。

祖母的话是否前后矛盾？

从直觉上来判断，好像祖母的言行前后有些自相矛盾。但转念一想，这不正是一个祖母最真实的内心感受吗？ 既关心，又担心；既欣慰，又骄傲。越是看似矛盾，越是微妙真实。

另外值得一提的是，作者在怀念母亲的时候是"泣"，而在怀念祖母的时候却是"长号不自禁"，为什么会有这样的区别？ 一是因为母亲死得早，作者一直与祖母相依为命；二是因为母亲的事是由乳母转述的，而祖母的事情是作者亲身经历的，且物在人亡，更让人伤心不已；三是因为作者内心深处其实一直有着隐忧，祖母重托责任重大，自己深恐难以完成。

纵观归有光一生：八岁母亲去世，十八岁写此文；仕途不利，三十五岁才中举人，后八次考进士不第；读书讲学二十余年，六十岁才中进士，一生郁郁不得志。所以，作者在悲戚祖母的时候，一定也是想到了自己肩上的责任，内心总担心会愧对祖母、愧对家人的重托。

所以可以这样说，不仅读者在阅读《项脊轩志》的时候，会用审美直觉直接感受作品所传达的情感、意义和形式，作者在创作的过程中也可能会运用到这种审美直觉。

比如作者在第(1)段中对项脊轩的整体改造，可能不少也是出于一种本能的审美直觉，这种直观的感受并非来自理性的思考，它是作者在特定的文化背景、艺术经验和个性偏好等多重因素影响下的一种直接感知和运用。

再比如作者在第(2)段中因为家庭变故而产生的各种悲情、对家人的各种怀念，很多也可能是出于本能的直觉。用史铁生在《合欢树》中的话来说就是"悲伤也成享受"，回忆虽然悲伤，但也有许多温暖藏在回忆中，给了作者很多慰藉，这些复杂的情感因为出于本能的直觉，所以有时会显得有些自相矛盾。

包括接下来的第(3)段：

(3) 轩东故尝为厨，人往，从轩前过。余扃牖而居，久之，能以足音辨人。轩凡四遭火，得不焚，殆有神护者。

归有光更是凭借审美直觉，能够直接分辨家人路过的"足音"，并且沉浸在温馨美好的体验中。同时也将项脊轩虽然遭受了四次火灾却最终没有被焚毁的原因，不假思索地直接归于"殆有神护者"。这种直观的感受或许与理性思考存在一定距离，但也不是毫无根据，反而增添了一种神奇的美感。

笔者觉得分辨足音这段描写特别真实动人。那时的归有光还是一名读书郎，家人们时常路过的脚步声或许会打断他的读书声，但又有什么关系呢，这种家人都在身边的温馨美好的感觉，是最弥足珍贵的！那时候的项脊轩多好啊！有书相伴，有家人相伴，而年少的归有光只要安心在书房读书就可以了，岁月静好。

(二)《项脊轩志》中的审美距离

再看第(4)和第(5)最后两段：

(4) 余既为此志，后五年，吾妻来归，时至轩中，从余问古事，或凭几学书。吾妻归宁，述诸小妹语曰："闻姊家有阁子，且何谓阁子也？"其后六年，吾妻死，室坏不修。其后二年，余久卧病无聊，乃使人复葺南阁子，其制稍异于前。然自后余多在外，不常居。

(5) 庭有枇杷树，吾妻死之年所手植也，今已亭亭如盖矣。

这两段文字是作者后来补写的，因为"余既为此志，后五年"以及"其后六年"和"其后二年"，这些时间记录表明这两段文字都是在原来的"此志"完成之后补写的，至少十三年的时间过去了，此时的作者应该已过而立之年。

项脊轩后来发生了什么？也是有"可喜"，又有"可悲"。

先说"可喜"。

娶妻，妻子贤惠可爱，夫妻恩爱，轩中共读，妻子"凭几学书"，夫唱妇随。妻子回娘家后，还转述了自己几个小妹的疑问，问题也很有趣："闻姊家有阁子，且何谓阁子也？"小妹们的问题其实暴露了一个问题：家境不同。归有光妻子的娘家应该是比较富裕的，所以才会不明白"阁子"是什么，因为"阁子"就是很小的房子。

归有光出身于苏州没落家族，祖上也是名门望族，可惜到了归有光的父辈，家族四分五裂，家道中落。从归有光的名字就可见一斑：有光，也就是希望他能够"光宗耀祖"。

归有光的妻子魏氏出身士族家庭，嫁给归有光的时候，她丝毫不介意夫家的穷困，而是"甘淡薄，亲自操作"。他的妻子包括妻子的小妹们很可能从来都没有住过项脊轩这么小的"阁子"，所以才会好奇地发问。而且，小妹们问姐姐什么是"阁子"的时候，没有丝毫的嫌弃之意，反而还有些羡慕。可以想见归有光的妻子平时跟小妹们提起这个"阁子"的时候，语气中也一定没有丝毫嫌弃，反而绘声绘色，所以才会引来小妹们的浓烈兴趣。

再说"可悲"。

妻子去世，室坏不修。

才过了六年，妻子就去世了，对归有光来说，生命中三个最重要的女性都先后去世了，尤其是这位妻子，才嫁过来短短六年，那么年轻就去世了，打击实在太大。

为什么"室坏不休"？怕触景伤情，刚刚失去了生命中最重要的人，这个曾经充满了夫妻恩爱回忆的小书房，再也没有了往日的温馨，反而更多了触景伤情后的情不能堪。

更可悲的是，作者长久卧病，于是阁子重修。为什么重修阁子？作为精神寄托,聊作安慰。但紧接着他又远离家乡,独自在外漂泊。

这重重叠叠的悲,有如一块块巨大的石头,压在作者心头。到了行文最后一段,作者将所有悲伤都化为了一句千古名句:"庭有枇杷树,吾妻死之年所手植也,今已亭亭如盖矣。"

这句话看似平淡,其实最为伤痛!物是人非,物在人亡。妻子去世那年亲手种植的树还在,而且越长越好,如今已经亭亭如盖,但当年种树的那个人却已经不在了,而且转眼已经很多年了。两相对比,更让人伤心不已。

笔者觉得,在整个过程中保持一定的审美距离,不仅对作者非常重要,对我们读者也同样重要。

归有光在回忆项脊轩曾经的"悲喜"时,需要保持一定的时间距离才能比较客观地反观过去,或者说更加有审美地看待过去,这也是为什么回忆往往比现实更加美好的原因。无论是二十多年前刚刚修葺不久后的项脊轩,还是十几年前刚刚嫁过来的妻子,一切美好都会显得更加美好。

当然,悲伤也是如此。妻子刚刚去世的时候,作者可能根本无法提笔写任何关于妻子的事情;十几年的时间过去了,作者才有勇气提笔回忆夫妻之间曾经的幸福时光。尤其是那棵枇杷树,十几年的时间过去了,作者才发现枇杷树"亭亭如盖"的美。这种美,只有经过足够长的时间,才能从"悲伤"转化为美。

而且,因为作者多年在外漂泊,远离了家乡,不常居住在项脊轩中。这种空间上的距离,也让作者能够远观一切与项脊轩有关的人和事,这种远观也淡化了一切悲伤。

如果说悲伤也是一种美,那么它必须有一个前提条件,那就是:保持一定的心理距离,保持一定的时间距离,保持一定的空间距离。

对于我们读者来说,我们在赏析《项脊轩志》的时候,还需要保持一种非功利的心态,摆脱利害关系之后的"阅读"和"审美",才有可能无限接近作品本身的美。

最后,留一个"趣味作业"。

"项脊轩"的由来有三种说法：① 远祖曾居住在江苏太仓的项脊泾，以示纪念；② 脊梁，博取功名，光宗耀祖（祖母重托厚望），成为家族中顶天立地的脊梁；③ 如颈背之间，言其窄小。

书房或者居室，如果有一个恰当的名字，可以寄寓主人不同的情志。请你也给你的小书房或者居室起个特别的名字来寄寓你的情志吧。

学生们的居室别名拾趣

朱轩逸（施月阁）	刘力行（洗尘阁）	刘家豪（玄德堂）
苏泽霖（苏　府）	张　潇（五芳斋）	陈中正（介石阁）
茅修宇（纳川阁）	林曾豪（龙虎门）	俞松岸（俞　府）
施月恒（珠亦轩）	洪传捷（洪　园）	贺圣杰（淌闲岛）
夏宇杰（乾尚阁）	黄玺铭（玺铭阁）	黄超屹（稻香村）
黎泽臻（翰林院）	薛博文（梁山泊）	马可薇（野草堂）
马依亭（玉馔堂）	王晓晗（书　巢）	方佳林（聊　斋）
东春华（无颜阁）	生艺韬（寒光殿）	丛　美（梅　斋）
成昱瑢（心漾阁）	朱怡欣（中沁轩）	朱涵珏（蟹沛轩）
李心钰（日沉阁）	李念于（五味阁）	杨紫薇（淑芳斋）
何厉雁冰（寒砺轩）	汪笑维（琼染阁）	沈珺雯（陋　舍）
沈琰沁（沁心阁）	张瑛楠（朝花夕舍）	张雅珺（睿坤庭阁）
张祺予（识丁居）	陈昕越（浅斟里）	陈家怡（陈　园）
周德惠（弥德轩）	钱梦怡（简　斋）	徐毓聪（钟林阁）
凌怡静（百味屋）	陶若英（静心阁）	黄兰清（三元斋）
戚美龄（云　斋）	鲁思文（万卷居）	蔡晓文（方　亭）
谭天阳（凝晖堂）	张天予（芳甸阁）	

【简要评析】

对学生们的"居室别名"，笔者大致进行了一下归类，分别有："归隐派""豪情派""直白派""含蓄派""巧妙派"。

归隐派：黄超屹的"稻香村"，马可薇的"野草堂"，沈珺雯的"陋舍"，张天予的"芳甸阁"，贺圣杰的"淌闲岛"。

豪情派：林曾豪的"龙虎门"，刘家豪的"玄德堂"，茅修宇的"纳川阁"，何厉雁冰的"寒砺轩"，周德惠的"弥德轩"，夏宇杰的"乾尚阁"，薛博文的"梁山泊"，黎泽臻的"翰林院"。

直白派：苏泽霖的"苏府"，洪传捷的"洪园"，俞松岸的"俞府"，陈家怡的"陈园"，黄玺铭的"玺铭阁"。

含蓄派：戚美龄的"云斋"，蔡晓文的"方亭"，钱梦怡的"简斋"，汪笑维的"琼染阁"，朱轩逸的"施月阁"，施月恒的"珠亦轩"（估计朱轩逸和施月恒两位是特别好的朋友），张潇的"五芳斋"，陈昕越的"浅斟里"，方佳林的"聊斋"。

巧妙派：黄兰清的"三元斋"（黄色、蓝色、青色三种颜色），鲁思文的"万卷居"（读万卷书），丛美的"梅斋"（"美"和"梅"的谐音），生艺韬的"寒光殿"（韬光养晦），谭天阳的"凝晖堂"（天阳凝辉），徐毓聪的"钟林阁"（钟灵毓秀）。

［注：此节中所有的学生居室别名均出自上外附中 2016 届高一（4）班学生之手，时间为 2014 年 5 月。］

图书在版编目（CIP）数据

文心添翼：高中语文核心素养综合培养的教学研究和实
践/徐芳著. — 上海：上海教育出版社，2025.5. —（虹口海
派教育名家）. — ISBN 978-7-5720-3553-1

Ⅰ. G633.302

中国国家版本馆CIP数据核字第20252M759N号

责任编辑　戴燕玲
装帧设计　观止堂 _ 未 氓

虹口海派教育名家
文心添翼：高中语文核心素养综合培养的教学研究和实践
徐　芳　著

出版发行　上海教育出版社有限公司
官　　网　www.seph.com.cn
地　　址　上海市闵行区号景路159弄C座
邮　　编　201101
印　　刷　启东市人民印刷有限公司
开　　本　700×1000　1/16　印张 13.25　插页 1
字　　数　185 千字
版　　次　2025年5月第1版
印　　次　2025年5月第1次印刷
书　　号　ISBN 978-7-5720-3553-1/G·3176
定　　价　78.00 元

如发现质量问题，读者可向本社调换　电话：021-64373213